柔性组织
增长模型与人才供应机制

郑旭◎著

图书在版编目（CIP）数据

柔性组织 / 郑旭著 . -- 北京：中信出版社，2023.10
ISBN 978-7-5217-6009-5

Ⅰ . ①柔… Ⅱ . ①郑… Ⅲ . ①高技术企业－企业组织－研究－中国 Ⅳ . ① F279.244.4

中国国家版本馆 CIP 数据核字（2023）第 171940 号

柔性组织
著者：　　郑旭
出版发行：中信出版集团股份有限公司
　　　　　（北京市朝阳区东三环北路 27 号嘉铭中心　邮编　100020）
承印者：　北京通州皇家印刷厂

开本：880mm×1230mm 1/32　　印张：10.25　　字数：177 千字
版次：2023 年 10 月第 1 版　　　　　印次：2023 年 10 月第 1 次印刷
书号：ISBN 978-7-5217-6009-5
定价：69.00 元

版权所有·侵权必究
如有印刷、装订问题，本公司负责调换。
服务热线：400-600-8099
投稿邮箱：author@citicpub.com

献给奋斗在科技前沿的企业家与管理者

你们用技术力量将美好理想变成现实

也意味着要承受无尽的变化与风险

目 录

推荐序一　中国需要独具特色的管理思想　I
推荐序二　成功企业的核心能力　V
前　言　突破组织成长瓶颈　XI

第一章　公司越大，管理越混乱
　　明星企业的陨落　003
　　危机早有先兆　006
　　缺乏激情的团队　011
　　成长的烦恼　014
　　从优秀到卓越的挑战　019

第二章　组织无效性是如何产生的
　　实体企业一不小心就会亏钱　023

建立高效率组织的理论探索　028

VUCA 时代的组织无效性　041

第三章　柔性组织的概念与模型

委屈的项目经理　051

柔性组织模型　053

柔性组织运作流程　065

柔性组织的优点及应用场景　068

从传统组织到柔性组织　071

柔性组织与项目组织的区别　074

柔性组织的落地难点　076

第四章　柔性组织的人才供应

科技企业的人才困境　081

柔性经理能力结构　082

柔性人才能力结构　084

传统的人才供应模式　085

柔性组织人才供应模式　087

PACC 柔性人才建设体系　091

第五章 构建赋能知识体系

被遗忘的金矿　097

企业知识图谱　099

知识萃取　109

复　盘　118

实战导向的知识结构　124

知识有价　127

第六章 用流水线方式制造人才

董事长的无奈　133

人才难觅是长期趋势　137

企业需要什么样的人才　139

人才培养困境　142

柔性人才培养七步法　147

人才培养中的师徒制　167

第七章 打造具有全局思维的团队

失败的撤离行动　173

系统与关联　174

系统的复杂性　178

定义全局思维　180

理解价值链　182

全局思维的四个层面　187

现实的障碍　191

局部最优陷阱　201

富有生命力的系统　206

全局思维落地实践　209

第八章　柔性人才的激励

人为什么要奋斗　217

点燃自我实现者　220

柔性人才的成长路径　224

柔性小组的绩效评估　228

柔性人才的绩效考核　232

围绕项目目标开展的全过程管理　235

第九章　教练型管理者

筋疲力尽的传统干部　241

从执行者到管理者　243

部门管理者的三重角色　247

成为下属的教练　250

传授经验　252

激发斗志　254

做下属的倾听者　257

引导下属走向优秀　261

积极反馈　265

第十章　柔性组织的现实实践

纽盾科技：用流水线方式培养销售人才　273

隆链智能：打造具有全局思维的团队　278

梦之路数字科技：建立强有力的研发中台　285

结　语　291

致　谢　293

推荐序一
中国需要独具特色的管理思想

当今世界经济格局正发生深刻变化。全球化、科技革命和地缘政治变化不断推动着经济力量的重新分布,新兴经济体的崛起重塑着全球经济格局。人工智能、大数据、云计算等新兴技术引领着创新的浪潮,改变了传统产业的发展路径,催生了新的商业模式和市场机会。特斯拉、华为等科技巨头的崛起,对全球经济产生了深远的影响。

当前,中国已经成为世界第二大经济体,涌现出华为、阿里巴巴、比亚迪、宁德时代等世界一流企业。然而,中国企业面临着一个重要的挑战,那就是如何持续创新发展,并在全球竞争中保持领先地位。在当前环境下,仅仅依靠模仿是远远不够的,中国企业需要有自己的管理思想来引领企业持续前进。

我认为,开展中国管理思想研究,应遵循五个原则。

第一，必须符合管理学的基本逻辑。要能够找出企业普遍面临的共性问题，并且贡献中国的经验。如果能够做到这一点，中国企业管理思想就能够在"世界管理之林"站住脚，并传播给全世界，这是需要遵循的基本原则。

第二，以中国企业为研究出发点。中国的企业背景多元，包括国有企业、民营企业、外资企业等。我们的研究应聚焦于中国正在发生的事情，把那些在世界范围内具有相对优势的企业的经验总结出来。研究成果要具有中国优秀企业的共同特性，尽管表现形式各异，但本质特性是一致的。

我与一些世界著名商学院的教授有过交流。他们表示，最令他们惊讶的是，中国有一些名不见经传的企业能够在短短的两三年内迅速成长为全球闻名的企业。可见，中国企业的数字化水平是位列世界企业前列的，因为我们是领跑者，所以我们更需要总结成果和经验。

第三，重视中华文化的作用。中国管理思想和理论的践行者是企业家，管理工作的核心是围绕"人"展开的，有效的管理一定是与文化相结合的。中国管理思想的研究不能忽视文化的作用，但是需要用现代的语言、现代人能够理解的方式，诠释好中国管理模式。

第四，搞好"三位一体"研究。所谓"三位一体"，就是中国管理模式的经验总结，应该体现出企业家、企业案例和企业完整商业模式三个方面。把一个个鲜活的案例上升到具有共性的模式，把复杂的管理过程简化成可以快速复制的经验，并通过动态调整，不断完善。

第五，立体视角。中国管理问题的研究不能仅聚焦于一个点，也不可泛泛地浮在表面上，需要立体化、全方位、多层次地开展。从企业的一个点出发，到一条线、一个面，再到一个平台、一个领域、一个行业，立体化地开展研究工作。

我非常高兴地看到《柔性组织》出版，这本书是对中国管理思想的一种有意义的探讨，不仅挖掘了很多正在发生的实际管理场景，而且提出了有价值的解决方案。

在我担任安泰经济与管理学院院长时，郑旭是对外交流办公室副主任。当时学院组织过一次管理教育研讨，郑旭对于发展具有中国特色的EDP（高层管理者能力发展）项目颇有见解，表现出其在管理学领域的天赋，这给我留下了深刻的印象。后来他与北京大学何志毅教授、哥伦比亚大学埃德蒙·费尔普斯教授一起从事创业教育，广泛且深入地接触高科技企业，并坚持至今，这些经历为他写下《柔性组织》一书中丰富的内容提供了坚实的实践基础。

《柔性组织》勾画了完整的柔性组织理论。书中指出科技企业面临的交付困境在于宝贵技术资源的低效应用，而这种状况又进一步加剧了企业的压力，形成了一种恶性循环。为了打破这种循环，郑旭提出了一种全新的解决策略，即构建柔性组织。柔性组织是一种灵活、适应性强的组织形式，它能够将企业的核心骨干技术人员中台化，形成技术资源共享的平台。同时，通过构建PACC柔性人才供应体系，企业可以像流水线一样高效地培养和输送人才。这种理论不仅为企业提供了一种解决交付问题的方法，而且改变了我们对组织结构的认知。

我非常推荐这本书，它的价值不仅在于提出了一种新颖的组织形式，更在于引导我们深入思考科技企业所面临的交付问题的根源和解决之道。这本书对于企业高管具有极高的参考价值，对于关心组织变革的读者也有极大的启示。它将为各行各业的企业家和管理者提供前所未有的灵感和变革的冲动。我相信，《柔性组织》一书将为现代组织变革提供富有价值的借鉴，帮助企业在快速变化的时代中立于不败之地。

王方华

上海管理科学论坛组委会主席
上海交通大学安泰经济与管理学院原院长、教授、博士生导师
《上海管理科学》杂志社社长

推荐序二
成功企业的核心能力

如何持续保持成功？这是很多企业家都在思考的问题。世界上有不少百年老店，但是百年上市公司不多。1997年我在英格索兰工作，这家公司上市超过100年，季度分红已经超过400个季度，现在还在分红。同样，霍尼韦尔也是上市超过100年的企业。这些优秀的企业有很多值得我们借鉴学习的地方。

通过观察和研究，我发现成功企业的核心能力主要有以下四个方面。

第一，方向明确，战略准确。在执行过程中，要根据市场的变化不断地调整战略。英格索兰曾经是世界五大工程机械制造企业之一。20多年前，英格索兰就通过一系列的调整，将工程机械板块的业务通过多次交易全部出售。2020年，英格索兰公司一方面将旗下的空调业务独立出来，成立特灵科技；另一方面将其空气压缩机、工具等业务与格南登福合并，继续在英格索兰旗下蓬勃发展。公司业务组合一直在变的原因，就是根据市场的变化不断地调整战略。

第二，创新。企业创新包括多个方面，如战略的创新、技术的创新、产品的创新、客户交互的创新等。创新是成功企业极为关键的核心能力。

第三，人才培养。如何才能吸引优秀人才进入企业？怎样把普通的员工培养成优秀的员工？怎样把普通的员工团队打造成优秀的团队，并发挥他们的积极性、主观能动性？这些都是人才培养的关键问题。

第四，卓越运营。不论是"丰田生产方式"，还是霍尼韦尔的"卓越运营系统"，这些以运营效率为核心的高效管理系统，都为企业保持竞争优势奠定了扎实的基础。

中美两国都有不少优秀企业，各国企业家的关注点有所不同。中国企业家考虑的是做大，美国企业家考虑的是做强。中国企业家更看重战略创新、商业模式创新与市场份额的扩大。美国企业家，特别是上市公司的高管，考虑的是盈利，更看重每股税后利润，以及保持充足的现金流。美国企业每年都会用3~5个月的时间，专门组织人员不停地去讨论外部市场的变化、技术的发展、客户需求的变化、内部的能力，同时花大量时间进行内部讨论，不断修正企业的方向，做出符合客户和市场需求的战略调整。

在市场需求快速变化的时代，客户的需求更加高频且碎片化，企业做到持续卓越变得越发具有挑战性。1990年我从事销售工作，主要销售工程机械产品，当时中国到处都在搞建设，客户只要拿到货就可以，对其他方面如外观、包装等都不关心。甚至有时工程机械产品还没来得及刷油漆，就被客户抢走了。现在，客户不仅希望收到产品，还会关注美观、质量、操控性、维修便利性等一系列问题，甚至还会考虑旧产品的回收问题。过去客户的需求都是差不多的，企业设计出一款产品，可以畅销5~10年。现在客户都不想要通用的产品，而是要求企业为自己做定制化的特色产品。因此，企业的快速响应能力成为核心竞争能力之一。

在这样的时代特征下，组织的柔性变得越来越重要，郑旭所著的《柔性组织》一书的出版恰逢其时。这本书的内容主要关注如何建立一支具有快速响应和灵活适应能力的队伍。书中提出了"章鱼型柔性组织"模型，强调公司应当赋予一线小组充分自由度与独立决策权，并深刻地指出柔性组织落地的关键在于柔性人才供应。"PACC柔性人才建设模型"颇具创新性，指出企业应当从两个层次、四个维度培养柔性人才：员工层面主抓工作激情、工作技能、全局思维三个方面的建设，干部层面着力打造"教练型管理者"队伍。我认为这本书的重要价值不仅在于提出了一种新的组织概念，而且能将充满前瞻性的组织模式在实际工作中落地。

我与郑旭结识于15年前的一次管理论坛，他担任论坛主持人，我是演讲嘉宾，此后我们一直保持着友谊。郑旭对于跨国公司的管理模式有着强烈兴趣，并经常邀请我分享一些跨国公司的治理思想和具体做法，我猜想他的心中有个理想：将中国企业培养成为像英格索兰、霍尼韦尔一样伟大的企业。这一猜想在《柔性组织》中得到了证实。我非常欣赏郑旭对于科技企业培育工作的执着，无论环境如何变化，他始终全身心投入对于科技企业的培养之中，并且乐此不疲。

《柔性组织》中提到的很多管理场景，源自郑旭在与科技企业互动过程中所掌握的真实信息，有较高可信度。他能够深度洞察，并提出 VUCA 环境下的高效解决方法，这是难能可贵的。这本书的优点在于它不仅提供了很多新颖的观念和案例，而且提供了具有实战价值的工具与方法。我非常推荐这本书，无论是企业管理者、学者，还是对组织行为和柔性管理感兴趣的人，这本书都将为你提供有价值的见解和实用的指导。

我相信这本书将帮助读者更好地理解柔性组织在当今复杂环境中的作用,并帮助各类企业家提高组织交付效率。

余 锋

上海科学管理学会理事

《精益创新》作者

前　言
突破组织成长瓶颈

这是一本专门写给处于加速成长期的科技企业的书，适合快速发展的"专精特新""科技小巨人"类高科技企业的管理者阅读。

缘　起

从 2006 年开始，为打造一批具有国内外行业竞争优势的科技企业，上海市科学技术委员会联合上海市经济和信息化委员会等政府部门，发起了"上海市科技小巨人工程"这项极具前瞻性的政府工程，持续至今，培育了 2 000 多家具有创新性、规模性与产业示范性的优秀科技企业，其中大部分获得了"专精特新"荣誉称号，为中国科技产业的进步与发展提供了澎湃动力。

即便用今天的眼光来看,当时设定的科技小巨人门槛也是比较高的,申报企业的年销售额应当超过1亿元(软件或服务业可以调整为6 000万元),研发人员占比不低于20%(软件或服务业则要求不低于50%)。对于企业而言,能够入选"上海市科技小巨人",不仅是一项荣誉,而且会有丰厚的回报,可以获得市、区两级财政共计300万元的资金支持,在当时这可算得上是一大笔钱,相当于政府直接给了3 000万元的订单,毕竟大部分实体经济企业的净利润率也不过10%。

我与上海市科技小巨人企业的结缘始于2015年。此前,我与2006年诺贝尔经济学奖得主埃德蒙·费尔普斯教授、北京大学何志毅教授等一流学者联合创办了中国青年创业领袖项目,培养了一批杰出的青年企业家,包括驴妈妈旅游网创始人洪清华、易迅网创始人卜广齐、齐家网创始人邓华金等,在科技企业CEO(首席执行官)的培育方面有一些独到经验。

受上海市科技创业中心的委托,我为上海市科技小巨人总裁班设计课程。带着领导的信任与期许,我开始了与科技小巨人企业家的缘分之旅。

对于课程内容、师资水平,我是非常有信心的,相信一定会受到科技企业家的欢迎。但我并没有满足于课后满意度调研这样简单的反馈方式，而是与科技企业家保持联络与沟通，我认为，只有真正让科技企业发生改变的课程，才是好课程。在持续跟踪过程中，我发现科技企业普遍面临着成长的挑战。

科技企业由于产品技术含量高，在得到市场认可后，销售额会迅速攀升，每年销量翻一番属于正常情况。但很多企业在销售额超过1亿元后，增长速度会一下子降下来，盘旋在年销售额1亿~3亿元（具体金额视行业不同而不同），这种盘旋会一直持续，企业始终处于痛苦之中。进一步深究下去，会发现这种交付困难，源自企业部门之间的割裂。举例而言：销售部门拿单时，并不关心订单是否与公司技术能力相匹配；技术部门选择零部件时，并不关心其是否容易在市场上采购到；资材部门采购原材料时，对于质量的关注远远低于生产部门的期待。每个部门都站在自身的角度考虑问题，导致协同效率很差，公司难以交付更多的订单。

在科技企业里，这个现象相当普遍。我相信，攻克这个难关，对于国家及民族而言，有着巨大意义。要让中国科技产品走向全世界，必须突破科技企业的发展瓶颈。

创作《柔性组织》一书的念头，即源自这种初心：希望能够将科技企业从交付混乱之中解放出来，让其顺利成长。

富有意义的探索

这种探索并非一蹴而就，而是逐步发展而来的。

我们首先开发了"团队赋能高级管理课程"。在长期的 CEO 教育工作过程中，我发现仅聚焦于 CEO 的能力提升，无法起到预期效果：很多 CEO 在课堂上颇受启发，获得了相当多的收获，但回到公司落地实施时，则困难重重。原因是只有 CEO 自己知道怎么做，整个管理团队的成员并没有同步达到 CEO 的认知水平。在我执教的华创教育研究院，"团队赋能高级管理课程"采取了全新教学模式，让 CEO 带着整个管理团队，集体学习管理课程，统一思想，统一管理语言，这起到了非常好的效果。

很多受训企业发生了明显的变化：士气高涨，部门协同顺畅，上级与下级的交流变得很轻松。鑫盛永磁（稀土永磁制造商）三年间业绩实现了十倍增长；来自铭赛机器人的学员感受到同事关系的微妙变化，以前彼此之间只是同事关系，现在感觉像"战友"；复志科技的优秀员工快速成长为"一方大员"，独当一面，为公司发展为国际知名 3D（三维）打印机品牌立下汗马功劳。

但是也有部分受训企业没有实现预期的变化。深究下去，这些公司里每个人都非常忙，忙于具体订单交付，忙于处理工作不到位造成的失误，根本无暇将课程中学到的管理工具在现实中落地，其结果就是越乱越忙、越忙越乱。

我意识到，公司里的极大浪费，在于将最核心的骨干力量用于日常订单交付。因为核心骨干力量很难从市场获得，当这部分力量被使用到极致时，公司就会达到交付极限，那么能够承接的订单，就会遇到天花板。这就是我早先观察到的科技企业遭遇发展瓶颈的根本原因。

如何提高公司核心资源的复用性？假如核心资源投入与市场回报是1∶1，或者是1∶5，都不是好结果，因为都会达到瓶颈。一个好的组织模式，应该实现核心资源投入与市场回报达到1∶N，即无限复制。市场有多少订单，公司就能处理多少订单。那么，N的本质就是高水平复制。这就是"柔性组织"的核心思想。

1分钟看懂本书

《柔性组织》一书着重探讨了柔性组织的概念、模型及人才供应机制，共分为十章。

第一章讲述了公司越大，管理越混乱。企业家普遍认为，公司发展得越快越好，现实中，如果交付能力跟不上，则订单越多，对于公司的风险就越大。本章以一个真实案例，揭示公司快速增长背后的风险。

第二章讲述了组织无效性是如何产生的。当今企业的主流组织形式是职能部门制，这种组织形式的优点是上下级沟通效率高，缺点是横向沟通效率低。在面临快速变化的市场环境时，这种组织形式将导致组织失能，产生低效与混乱，科创企业需要构建新的组织形式。

第三章讲述了柔性组织的概念与模型。这是本书核心部分，提出了柔性组织的概念与模型。柔性组织最具特色的创新在于中台建设，将公司关键技术资源从日常订单中解放出来，聚焦于更重要的事务：面向下一代产品的开发、中台支持与人才培养。这三项工作对于公司意义重大，能够防止公司关键技术资源陷于日常订单交付，造成越忙越乱的恶性循环。在中台支持下，前端交付工作由柔性小组承担，每个柔性小组对应一个订单，响应速度快，柔韧性强。

第四章讲述了柔性组织的人才供应。本章描绘了柔性经理与柔性人才的能力模型，在满足能力模型的情况下，柔性小组能够很好地完成交付工作。从市场上获得柔性人才的难度很大，公司需要建立自己的人才体系，本章提出了PACC柔性人才建设模型。

第五章讲述了如何构建赋能知识体系。人才培养的重要基础设施是知识体系。公司里有很多宝贵经验与做法，分散于业务骨干的脑海，人员离职后就被带走了，当新员工进来时，由于缺乏系统性知识，所以成长缓慢。因此，公司需要将专业知识萃取出来，建立人才培养的知识体系。本章给出了知识体系的框架及知识获取方法。

第六章讲述了如何用流水线方式制造人才。传统"以老带新"的做法，培养新人的时间成本很高。当公司可以用流水线方式制造人才时，就会源源不断地产生优质员工，团队也会越来越优秀。本章给出了"人才培养七步法"。

第七章讲述了如何打造具有全局思维的团队。各个岗位接力创造价值，最终交付满足客户需求的产品或解决方案，这就是公司的价值链系统。如果员工只关心自己的手头工作，忽视了工作整体性，就很可能对其他岗位的工作造成阻碍。本章指出打造具有全局思维的团队的四个层面，并给出了具体方法。

第八章讲述了对柔性人才的激励。柔性组织需要自驱型人才，如何让人才持续保持激情？本章指出了柔性人才的成长路径，并指导企业建立绩效体系，让优秀人才持续绽放光芒。

第九章讲述了教练型管理者。柔性组织中管理者的定位需要从"任务型管理者"转变为"教练型管理者"。本章指导管理者通过经验传授、倾听、反馈等方法与技巧，引导下属走向优秀。

第十章讲述了柔性组织的现实实践。本章以纽盾科技、隆链智能、梦之路数字科技三家公司为例，分享了柔性组织在现实中如何具体落地。

谁最适合读这本书

柔性组织可以给公司带来巨大回报，但并非适用于所有场景，它适合特定条件的公司。

本书中的柔性组织理论，是围绕成长速度快、定制化订单多的中小科技企业展开的。它们的客户通常是中国一流或世界一流的科技大厂，引领着硬科技产业发展，但它们在进行新产品开发时，往往没有成熟的道路可循，只能在探索中逐渐成长。这就使得作为乙方的中小科技企业，不得不忍受甲方高频变动的需求，明明已经谈好的性能、指标、功能，之后会不停地变动，这给担任订单交付任务的项目负责人带来极大挑战。柔性组织理论引导公司 CEO 从全局角度，重新设计组织模块，以及彼此之间的关联关系，可以很好地解决企业交付的现实困难。通常年销售规模达到 1 亿元，或技术人员数量超过 50 人，个性化订单比例超过 50% 的科技公司，都能够从柔性组织理论中获得极大的启发与收益。

对于产品型的科技公司，如果公司产品迭代快、技术种类多样、企业规模大，则柔性组织理论和模型可以提供很好的借鉴。我与骄成超声董事长周宏建先生交流的时候，了解到他们的产品小组采取了类似柔性小组的形式，取得了很好的效果。

而产品类型保持稳定的公司，通过严格的制度与流程管控，就能够实现规模化交付，并且能够保证交付质量，因此无须采用柔性组织形式。

人员规模在 50 人以内的科技小微企业，公司管理层级不多，在创始人对订单情况比较了解的情况下，也无须采用柔性组织形式。因为这种人员规模较小的组织天然具有"柔性"特质，在创始人亲自指挥下，协同作战效率比较高。如果公司呈快速成长状态，则须提前为建设"柔性组织"做好准备，否则很快会遇到发展瓶颈。

柔性组织理论并非对制度与流程的否定。组织要顺利发展，制度与流程是必要的。岗位与岗位的匹配，部门与部门的协同，都需要通过制度与流程清晰地展现彼此之间的组织关系。柔性组织理论是对制度与流程的支持，组织有了柔性，特别是应对客户高频变动需求方面的柔性，公司制度与流程才可以在内部更好地落地执行。

教学实践与运用

《柔性组织》书稿基本成形后，我也开展了一系列教学行动。从 2022 年 8 月开始，我分别为华创"团队赋能高级管理课程"第 15 班、2022 上海市科技小巨人企业总裁班、2022 苏州工业园区上市苗圃班进行了授课，收获了非常好的反馈。

烜翊科技［MBSE（基于模型的系统工程）工业软件］、隆链智能（智能立体仓库）、梦之路数字科技（医学仿真教学）都在采取类似组织形式，但有些难点没有搞清楚，通过学习《柔性组织》，它们不仅把整个逻辑和方法搞清楚了，而且认为课堂上老师给的实施工具非常实用。

东峻科技（电磁仿真软件）建立了完整的知识体系，解决了市场难以招聘到合适人才的难题（它们的技术跨度非常大，很难从市场招聘到人才）。

纽盾科技（网络安全）实现了"用流水线方式制造人才"，首先是销售部门，其次是技术部门，逐次推进，整个公司在人才供应方面取得了巨大进步。

柔性组织是一种探索，将公司核心力量从日常订单交付中解放出来，专注于"可复用劳动成果"的交付，包括面向未来的重要平台级产品开发、人才的培养以及对前端小组的支持等。目前我国科技企业仍处于高速发展期，新的问题与挑战不断出现，柔性组织理论必将不断产生新的内容。本书只是从众多研究角度中选择了一部分进行探讨，相信还有很多方面没有涉及。本书研究的内容无论是深度，还是广度，都有许多不足之处，欢迎读者参与本书的互动，提出建议并指正，共同推动柔性组织理论在现实中更好地落地。

郑　旭

2023 年 7 月 9 日

上海

第一章
公司越大，管理越混乱

科创板及"专精特新"政策的推出,给予科技企业重大发展机遇。拥有技术竞争力的企业,在资本加持下发展迅猛。而一旦企业内部管理跟不上,就会导致漏洞百出,看起来高歌猛进,实则骨子里虚弱不堪。过往经验表明,当公司突破了初创期的瓶颈,进入了发展的快车道时,创始人很快就会惊讶地发现:公司越大,管理越混乱。因此如何打造充满激情和活力的高效组织,成为企业发展面临的重大挑战。

明星企业的陨落

"公告：本公司已失去对下属公司控制。"2018年4月26日，证券交易所出现了令人震惊的一幕，上市公司辰鸪股份突然宣布：公司对于全资子公司MK智能已经失去控制，审计工作无法正常进行，拟将MK智能100%股权转让给MK智能的创始人Allen。[①]

消息一出，市场一片愕然，辰鸪股份的股票价格连续两日跌停板，市值蒸发约20亿元。

当初辰鸪股份收购MK智能时曾令所有人寄予厚望，而MK智能被收购后业绩表现很好，根据协议连续两年实现了利

[①] 本案例中的辰鸪股份、MK智能皆为虚构企业名称。改编自2018年4月28日《每日经济新闻》的财经报道《独家！上海明匠陈俊澄清"失控门"：审计的矛盾在收入确认方法 取消回购不会脱离黄河旋风》。本书中所描述的管理细节是企业经营中经常发生的场景，与财经报道无直接关联。

润要求，总利润超过1亿元。仅仅过了3年，上市公司要以6.98亿元的价格将其出售，这则公告不仅令数以万计的股民错愕不已，就连证券交易所也倍感吃惊，一天之内两度发函问询上市公司，要求上市公司解释公告内容的合理性。

而这场风暴的中心人物——MK智能创始人Allen，更是对这则公告惊讶不已。根据公告，他被要求以6.98亿元现金回购股权，但他哪有这么大一笔钱？更让Allen难以招架的，是纷至沓来的问询电话，其中有供应商、客户，甚至公司内部也炸开了锅，原本正常运营的公司一下子变得岌岌可危。

事实上，Allen与上市公司辰鸪股份曾有一段令人羡慕的甜蜜岁月。

2015年，经投资人介绍，辰鸪股份的董事长认识了年轻有为的科技新秀Allen。彼时，辰鸪股份作为老牌上市公司，资金雄厚，但传统业务发展速度缓慢，越来越难以满足股东们对高增长的要求。因此，尽快寻找高潜力的科技企业，为传统业务注入新鲜血液，成为辰鸪股份一项迫切的公司战略任务。恰逢国务院发布《中国制造2025》国家战略，"智能制造"成为举国瞩目的热点领域，而MK智能就是"中国'工业4.0'智能制造领军企业"中的优秀代表。于是，在资本的撮合下，辰鸪股份与MK智能"牵手"了。

根据对价协议，辰鹄股份出资 4.2 亿元全资收购 MK 智能，彼时 MK 智能的净资产不过 2 000 万元，一下子溢价 2 000%，不折不扣卖出了好价钱。而作为创始人，Allen 获得了 8 000 万股辰鹄股份，成为上市公司第二大股东，在一个月后的股价峰值时，Allen 持有的股份价值一度超越 15 亿元。从不名一文到亿万富翁，仅仅用了 6 个月时间，当时 Allen 才 32 岁。

此后，MK 智能业务发展顺风顺水，可谓占尽"天时、地利、人和"。首先，行业发展赶上了风口，在国家"中国制造 2025"大战略背景下，各地政府纷纷出台政策，鼓励地方企业向"智能化生产"升级，工业自动化改造需求暴增。其次，辰鹄股份为 MK 智能提供了强有力的品牌背书。工业自动化是高科技领域，不仅涉及传感器、物联网、机器臂、减速器、伺服电机等众多高技术零部件，还需要软件系统进行整合，解决方案比较复杂，整个行业处于发展初期，缺乏龙头企业，而有了辰鹄股份这个上市公司的背书，无疑为 MK 智能赢得各地招投标提供了强力支持。MK 智能迅速成为"智能制造"领域的明星企业，先后获得各种荣誉称号。

2015 年 MK 智能的净利润为 3 200 万元，2016 年的净利润为 4 100 万元，均完成了业绩目标，为上市公司总利润贡献了将近半壁江山。一切看起来都很完美。

2018年初,当辰鸪股份委派的会计师事务所启动对MK智能2017年度财务审计时,审计结果令人咋舌,经审计后实现扣非净利润为-6 500万元,算上2015年、2016年的净利润3 200万元、4 100万元,三年实际完成的扣非净利润总额仅为800万元,相较承诺完成的三年总利润1.2亿元的业绩目标,相去甚远。根据并购时的业绩补偿协议,未完成的业绩部分,将由MK智能的5位原股东对辰鸪股份进行全额补偿,于是发生了开头一幕。

种种迹象表明,MK智能快速发展过程中,内部管理始终没有跟上,这是造成净利润不达标的根本原因。创始人Allen一直忙于业务开拓,始终没有关注或者说根本没有重视内部管理问题,导致漏洞越来越大,直到无法收拾的地步。

危机早有先兆

"Allen总,公司的应收款已经快2亿元了,公司账上快没钱了!"一大早,财务总监敲开了董事长兼总裁Allen的办公室的门,用略显焦急的语气报告。

"怎么会这样?合肥项目的2 000万元工程款,不是这个月要到账吗？"Allen记得当年搞定的最大一笔订单是合肥项目的生产线改造，总价5 000万元，现在6个月过去了，按合同应该已经交付验收了。

"我跟项目部核实过这个了，项目严重延期了，估计至少还要两个月才能完工。"财务总监无奈地回答。财务总监最担心的就是公司现金流出现问题，眼看该付的钱像流水一样付出去，该进来的钱却迟迟不见踪影。拖延了供应商的应付款还能协商，但员工的工资、办公室的租金是万万不能中断的。

"行，我知道了，你先忙你的去吧。"Allen一时半会儿对项目情况还没有搞清楚，让财务总监先回去了。随后，Allen对合肥项目的工程进度展开了调查。调查的结果，令他十分意外。

从项目部总监口中，Allen得知项目确实严重延期了，原因是进场的时间本身就比原计划晚了一个半月，因为物料的到货日期比计划大大推迟了。

规定好的进度，物料为什么会耽误呢？Allen叫来了采购总监，打算追查采购部门的责任。"我们也没办法，物料清单拿到手的时候，就已经晚了。我们加班加点，跟供应商好说歹说，差点儿就求对方了。您可以看一下，标准采购周期是14天，我们非常努力，仅用10天就完成了任务。"采购总监感到非常委屈。

Allen心中的怒火瞬间熄灭了,他感到自己差点儿冤枉了一位好下属。他略带歉意地送走了采购总监,叫来了负责给采购部门交付物料清单的研发总监。这次他谨慎了许多,没有责怪的意思,想了解研发部门为什么这么晚才将物料清单交给采购部。

"合肥项目生产线的智能化改造项目,我们的确是按照项目启动会要求推进的。规划设计组、电控设计组、机械设计组接到任务后,都非常重视,派出了最得力的技术人员加班设计。但整个设计都快完成时,销售部门通知我们,客户需求有改动。我们的设计只能重新做,而且这样的改动不止一次。我统计了一下,客户的重大修改至少有3次,而小地方的修改有20多处;销售部门对于客户方面没有任何管理,完全被客户牵着鼻子走,我们一线设计技术人员对此非常有意见。我已经尽力在安抚了。"研发总监非常无奈。Allen早期是亲自跑客户的,他知道这样的事情会经常发生。看着这位公司重臣,联想到研发部没日没夜地加班,而公司除了工资也没有发放奖金激励他们,他不禁感到一阵愧疚。

正在这时,董事长助理进来提醒:"Allen总,市经信委的领导现在已经到了,在会议室等您。"Allen突然想起今天约见了市经信委领导,要向领导汇报"MK1.0操作系统",这事关政府3 000万元研发配套资金能否顺利落地，他赶紧放下手头的事情，赶往会议室。合肥项目延期两个月交付的事情，就这样放下了。

类似合肥项目延期交付这样的场景，在MK智能公司持续发生着：在绩效考核的压力下，销售队伍拼命扩张，接回了各式各样的订单；订单转给研发部后，非标准化设计部分非常烦琐，常常涉及客户方面的反复修改，研发部根本无法按期交付设计图纸与物料清单，经常会拖延；由于整个工期是固定的，前半程耗时太多，留给采购、生产、安装的时间就非常紧迫，所以设计质量、物料质量、生产质量难以保证，而这又会导致现场安装、调试困难重重，总是遇到各种各样的问题，影响客户验收，进而导致剩下的工程款很难按期收回……现金流在这样的恶性循环下越来越紧张，令企业经营大受影响。

Allen其实早就看到了公司的危机，但内部管理问题错综复杂，刚开始他还会亲自推动项目前进，但他发现，当他亲自推动某一个项目时，就会导致各部门资源都集中到该项目上，背后的代价是更多项目被拖延。追查起来，大家都说是根据老板的指令进行的调整，所有责任会推到老板身上，这令Allen无法应对。而这样的局面，根本不是靠撤换一两个部门总监就可以解决的。实际上，公司已经更换了3名项目总监，但情况非但没有改善，反而进一步恶化。Allen对此无可奈何，他只能想新的办法。

既然自我资金循环比较困难，那么就从外部引进资金。在这方面，Allen可谓想尽了一切办法。他首先找到了母公司辰鸰股份，希望借一笔钱用于周转。但上市公司对于拆借资金有严格管控，不能借，于是Allen退而求其次，向银行贷款。但MK智能本身销售规模不大，也没有什么固定资产做担保，银行授信额度不高。最终在辰鸰股份的担保下，MK智能获得了2亿元的银行贷款。这笔贷款，直接将MK智能的销售额支撑到了5亿元；当销售额达到5亿元时，MK智能账上的现金又接近枯竭；很明显，下一笔贷款需求的规模更大，因为公司需要冲刺10亿元销售额，这是资本方面的要求，也是Allen与母公司辰鸰股份的业绩对赌要求。于是Allen决定把个人资产全部抵押，包括2套房产、个人拥有的辰鸰股份8 000万股的股票，这一次，MK智能获得了4亿元贷款，销售业绩冲到了8亿元。

只要销售额在增长，一切都是小事情。Allen坚信业绩的不断增长会帮助MK智能解决问题，根据他的经验，任何公司在任何阶段都是有问题的，不能被问题牵扯太多精力，发展才是第一要务。

而可悲的是，现实中存在的问题，如果不去解决，就会导致风险积累得越来越严重,等到问题爆发、无可挽回时,一切都将灰飞烟灭。Allen 一次次地用外部资源填补内部漏洞,无视问题的恶化,终于使得公司财务状况达到了临界点,并随着母公司的审计而暴露出来。辰鸪股份一则公告,将 MK 智能岌岌可危的状态公之于众,客户纷纷中止了与企业的合作;Allen 的个人全部资产也被银行冻结、拍卖,负债累累。企业经营的关联方,比如供应商、员工,不停地向 Allen 追讨欠款,虽然他们知道 Allen 已经一无所有,但面对个人巨大损失,他们没有办法,只能天天追着 Allen 讨债。

Allen 想尽一切办法,想挽回局面,他找了很多投资人,希望有人接盘,以很低的价格转让企业,但始终无力回天。最后,他删除了朋友圈,失踪了。有人说他改名换姓,另起炉灶,准备东山再起;也有人说,Allen 已经远走他国,不再回来。

缺乏激情的团队

比 Allen 更早感知公司危机的,是一线员工。MK 智能看起来无解的管理问题,都只是一种表象,公司出现危机的根本原因是,整个队伍普遍缺乏工作激情,毫无斗志,于是一层一层地把问题向上推。

一支没有激情的团队，可以找出各种理由，为工作的低效开脱。管理的缺失会导致内部混乱，内部混乱必然导致员工激情下降，员工激情下降又导致内部管理进一步混乱，陷入恶性循环。

在MK智能被辰鹄股份并购的初期，MK智能团队斗志高昂。随着公司人员规模的快速扩大，一切都发生了变化。

首先是销售部门迅速扩张。公司对于销售人员实行严格的业绩指标管理，凡是连续3个月不能完成任务的销售人员，一律清退，这导致销售部门成为公司离职率最高的部门。资深的销售人员，已经建立了比较稳固的业务渠道，轻轻松松就可以拿到销售提成。新来的业务人员，会想尽一切办法抢单。有些其他公司不愿意接的订单，算下来毛利只有正常情况的1/3，销售人员也照样接单。

订单接下来，销售人员就松了一口气，但给研发部门增添了很多麻烦。因为这样的订单常常是别的公司不愿意做的，场景比较特殊，非标准化设计比较多，属于吃力不讨好的订单。但销售人员不会管这么多，毕竟销售人员的工作职责就是拿回订单，至于怎样交付，那就是其他部门的事情了。销售人员对于公司其他部门的态度非常强势，他们辛辛苦苦拿回的订单，如果不能被及时交付，则不仅影响个人收益，甚至可能导致职位不保。

这样的强势态度,势必引起技术部门的不满。本来大家都是同事,每个人都有难处,凡事有商量,有些事情也就解决了。但每笔订单销售部门都压着技术部门做,逐渐引发了技术部门的不满。一线技术人员知道自己无力与销售部门对抗,心中怒火无处发泄,便只能发泄在自己的工作中。于是,找出各种理由拖延、不配合,工作都是以"交差"为目的,没有什么工作激情。技术部门不尽如人意的工作,接下来就影响到了采购部门、生产部门以及安装调试部门。先天有缺陷的工作订单,使这些部门在开展工作时举步维艰,进一步导致公司内部各种混乱。于是,怨声四起,各个部门相互指责,都在试图证明对方的错误,部门之间的合作精神荡然无存。

眼看公司乱象无法得到控制,一批优秀员工选择了离开。对他们而言,留下来看到的是各种烦心事儿,自己的努力根本无法影响最终结局,那还不如寻找一家更值得托付未来的企业。留下来的员工,或者本来就找不到其他好工作,或者发现有机可乘,混乱中倒有不少中饱私囊的机会。例如,销售部门就有这样的现象:销售人员等手头订单做得差不多了,就会跳槽到竞争对手公司,把培育得八分熟的订单带过去。相当于MK智能支付了时间成本、差旅成本、销售人员工资,最后成果却送给了竞争对手。中饱私囊的行为一旦没有被及时发现和处理，必将愈演愈烈，整个公司就像破了一个大窟窿，不断失血。

MK 智能成长中的遭遇，是科技创新大时代中高科技企业的一个缩影。自 2014 年中央政府鼓励创新创业以来，中国以举国之力，推动了一大批创新企业的成长。科技企业的兴起，为中国的整个工业体系升级注入了生机与活力，科技企业也迎来了历史上最好的发展机遇。然而，再好的机遇，如果企业没有能力抓住，注定只能望洋兴叹。

成长的烦恼

企业家内心都知道，企业的成长一定不会一帆风顺。不过，发展道路倒也并非没有规律可循。创新型技术公司从创业初始，到发展成为一家规模型企业，大致会经历 5 个阶段（见图 1-1）。

第一个阶段：初创期。这个阶段要完成很多繁杂但又很重要的任务。首先，创始人产生了一个很好的创业想法，想到了一个新产品，发现了一个新机会，等等。然后，创始人要把自己的想法做成产品，就需要组建研发团队，开始做出 DEMO

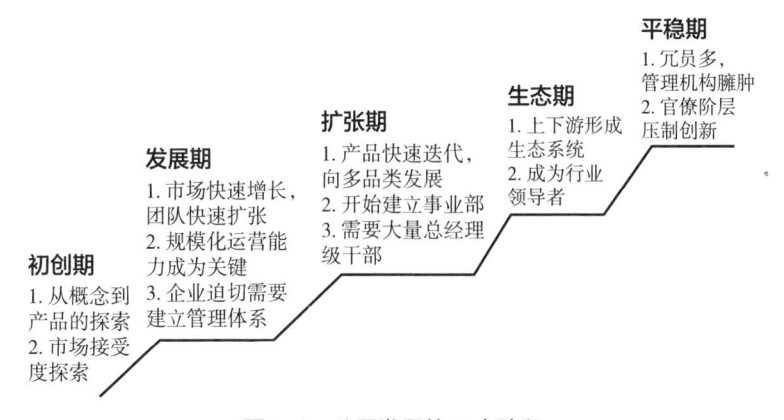

初创期
1. 从概念到产品的探索
2. 市场接受度探索

发展期
1. 市场快速增长，团队快速扩张
2. 规模化运营能力成为关键
3. 企业迫切需要建立管理体系

扩张期
1. 产品快速迭代，向多品类发展
2. 开始建立事业部
3. 需要大量总经理级干部

生态期
1. 上下游形成生态系统
2. 成为行业领导者

平稳期
1. 冗员多，管理机构臃肿
2. 官僚阶层压制创新

图 1-1　公司发展的 5 个阶段

资料来源：《创业突围：跨越企业成长的 12 个陷阱》，郑旭。

（原型）版的产品。产品做出来后，要寻找付费客户，希望客户能够买单。通常客户对第一批产品并不满意，发现了很多问题，于是研发团队继续修改，直到产品符合客户需求为止。而令第一个客户满意仅仅表明首个订单完成，下一个客户还不知道在什么地方，其需求很可能与第一个客户有很大区别，于是技术团队要继续研发，做出符合第二个客户需求的产品。初创期的基本特征就是"探索"，一切都是不确定的，商业模式不确定，产品定位不确定，目标客户不确定……这个阶段，创业团队的很多工作都是劳而无功，付出了巨大的辛苦，仅得到微薄的回报。为了生存，创业团队只能不停地试错，直至找到稳定的、规模化的付费市场。

第二个阶段：发展期。发展期的基本特征是：目标市场稳定，公司没有生存压力了。这时，创业公司会放弃初创期"来单就接"的做法，因为这样很不划算，成本太高而收益太低，转而集中服务少量的、优质的客户。发展期的交付规模迅速扩大，这个时候获得订单并不难，最大的问题是做不过来，创始人发现要以高品质的产品满足大规模的市场需求，对于公司而言是个挑战。发展期阶段，创业公司会持续扩大市场份额，被目标市场的一些有影响力客户所接受，快速发展成为有市场影响力的公司。其解决方案的创新性、技术的领先性、团队能力的可靠性，都会对市场产生一定的影响。创业公司在这个阶段开始尝到盈利的甜头，销售团队连续不断地获得客户订单，运营团队有条不紊地交付订单，公司像一台印钞机一样有序地运转着，一切都那么美好。

第三个阶段：扩张期。创始人不再满足单一产品的成功，客户也希望有更丰富的产品线来满足多样化需求。于是，创业公司开始扩展产品线。由于在企业发展期，客户对创业公司比较满意，已经产生了较高的信任度，因此，创业公司的第二产品线、第三产品线，客户也会优先考虑。在这个阶段，由于节省了新产品的市场营销费用，创业公司的收益率进一步提高。

第四个阶段：生态期。在这个阶段，创业公司已经有能力挑战市场头部竞争者了；要成为市场头部企业，公司必须建立生态层面的竞争优势，在产业链的上下游进行布局，形成自己的生态体系，以便可持续地协同发展，处于这个阶段的大多数企业已经是平台级的企业了。

第五个阶段：平稳期。这个阶段，企业进入了平稳发展阶段，管理层级较多，创新力量常常被官僚阶层压制，企业按照惯性向前发展，但很难再有创新动力。接下来，要么公司找到新的经济增长点，要么公司走向衰退。

公司发展的每个阶段，都有关键性事务需要老板亲自出面解决。创始人精力的分配，决定着企业的生死。如果老板做对了决策，公司发展瓶颈将得以打破，企业会顺利发展；如果老板看到什么就做什么，虽然终日忙碌，但是企业难逃衰亡的命运。所以，作为公司老板，必须非常清楚地把握自己的公司在特定发展阶段的核心任务。

第一，初创期核心任务。初创期最具价值感的事情是新产品的开发，最困难的还是把产品卖出去。虽然新产品拥有很多听起来很诱人的好处，比如产品性能比竞争对手有大幅上升，产品价格大大低于同类产品，等等，但面对如此明显的好处，客户也不敢轻易尝试。通常，客户更希望看到其他人买过、用过之后的反馈，再决定是否购买。实际上，在这个阶段解决产品销售难的问题，是需要老板亲自出马的，原因有两个。一是在打通销路的过程中，需要战略性变通。比如客户是由于价格原因、安全原因，还是技术原因做出了拒绝购买的决定，这需要老板亲自做决策，即是否做出相应的调整以满足客户需求。二是老板与客户的第一手接触，有利于加深对需求端的理解，从而在产品开发方向上有更准确的把握。

第二，发展期核心任务。虽然公司总是不嫌订单多，但实际上发展期公司的危机不是源于客户端，而是内部。当市场初步打开，订单一个接一个到来的时候，公司老板最发愁的是怎么把产品做出来。有人觉得奇怪：产品不是已经研发出来了吗，交付有那么难吗？是的，在规模化交付场景下，要想保证产品都是没有缺陷的，完全按照客户需求做出来、交付出去，是比较困难的。创业初期，产品的生产与交付都是由老板亲自参与、调动资源并保证质量的，在小规模交付情况下，老板深度参与生产与交付是可以的。但到了发展期，老板再也没有精力深入第一线控制产品质量，产品的交付需要委托技术部门、采购部门、生产部门，由它们相互协同完成，老板并不直接参与；而且具体实施是由最基层员工操作的，任何一个小环节出现问题，都会出现产品的品质缺陷。谁能保证每个基层员工每天的操作都不出问题？怎样保证？所以发展期最核心的任务，是构建一个高品质、规模化交付的组织系统，具体方法是构建职业化管理干部队伍，建立完整的规范制度，使整个公司的运作不再依靠老板随时变动的指令，而是按照无形的、深入人心的流程与规范执行。

建立这样的交付体系，挑战是非常大的，甚至可以说是一家企业成长的分水岭。如果企业能够跨过这道坎，那么后面的成长，大多数时间都会比较顺利；如果不能跨过这道坎，则将意味着企业可能会长期陷于痛苦的混乱中。[①]

从优秀到卓越的挑战

企业成长起来后，就不能再依靠某一个人，而是需要一批顶梁柱来承担公司发展任务。企业成长最关键的挑战在于能否打造出富有战斗力的团队。但相较于战略、销售、商业模式等话题，"打造团队"往往并非企业家的首选项（虽然口头上企业家都表示对于团队建设非常重视，但研究一下企业家在这方面花费的时间，就可以发现这种"重视"往往流于表面），毕

---

① 摘自《创业突围：跨越企业成长的12个陷阱》，郑旭，中信出版社，2018年。

竟刚创业的时候，队伍就是这样一步一步过来的，企业家觉得自己一手带大的小兄弟，一定能够和自己一样快速成长，成功面对发展后的新挑战。

无数的现实告诉我们，这种无为而治的想法是很难实现的。仅凭过往经验，以为员工天然地会像自己一样优秀，主动且富有激情地完成工作任务，都只是企业家美好的想象。打造富有战斗力的团队并非易事。

管理者很难做到时时刻刻盯着每个员工做事情。随着公司规模越来越大，管理者需要员工主动采取行动，交付高质量的工作成果，这样的管理成效不能仅仅依靠监管体系来完成，更需要激发员工活力、给员工赋能，让他们有意愿、有能力交付优秀工作成果。

对于所有管理者来说，想要实现这样的管理目标都是一种挑战。即便像本章案例 MK 智能这样的科技型企业，有一个高技术团队，掌握了不错的产业化技术，发展迅猛。而一旦企业内部管理跟不上，就会导致漏洞百出。看起来高歌猛进，实则骨子里虚弱不堪。过往经验表明，当公司突破了初创期的瓶颈，进入了发展的快车道时，创始人很快就会惊讶地发现：公司越大，管理越混乱。如何打造充满激情和活力的高效组织，成为企业发展面临的重大挑战。

第二章
组织无效性是如何产生的

企业如何获得比竞争对手更高的运营效率？过去 100 年，组织理论领域涌现出了弗雷德里克·温斯洛·泰勒、马克斯·韦伯等一大批优秀管理学者，他们从不同角度对提升组织效率的方法进行了研究，并诞生了多个经典理论。随着社会进入颠覆性技术时代，传统组织架构已无法应对高频变化的客户需求。拥抱变化将成为企业核心竞争能力之一，企业需要建立柔性组织，灵活配置组织资源，应对市场的高度不确定性。

实体企业一不小心就会亏钱

"刘总,如果公司还不能及时下发工资,我只能选择离职,同时我保留向公司追索补偿金的权利。"看到业务骨干小徐发来的信息,刘总心中感到阵阵悲凉。

3年前,刘总亲自面试小徐,当时他对小徐的印象非常好:聪明、沟通能力强,虽然技术方面稍弱,但骨子里是一个业务上的好苗子。进入公司后,经过刘总的悉心培养,小徐成长迅速,很快就成为业务骨干。在整个公司中,小徐的工作业绩不错,他总是在遇到困难的时候顶上去,而且心态好,充满正能量,始终维护公司利益,因此深得刘总器重。

今天一大早收到这段饱含抱怨情绪的信息,这也怨不得小徐，公司过去6个月没有正常发放过工资。这帮兄弟们个个都是有家庭的，上有老下有小，背负着车贷、房贷，平日努力打拼，就是为了维持家里的正常开支，如果公司不能正常发放工资，整个家庭的现金流就会陷入困境，想必小徐在家里已经承受了巨大压力。

但公司实在是没有办法。2022年春天，新冠病毒的变异毒株"奥密克戎"在中国各地肆虐，公司的供应链就开始不正常了，不是原材料无法按时到货，就是业务骨干被隔离在家里，客户的预算也开始减少，并找各种理由不付款或拖延付款，这些意外情况给公司现金流带来了极大压力。

其实，平时公司的内部管理就存在问题，内部信息传递不畅，流程和规定形同虚设，各个部门存在互相不配合的情况。不过在平常状态下，由于项目毛利率在30%以上，即便公司内部管理磕磕绊绊，处处可见低效与浪费现象，但年底核算时，公司始终能够保持3%左右的盈余。所以刘总即使知道公司内部存在着各种问题，但业务发展始终是他分配给自己的最重要任务，他也一直想找个业务不那么繁忙的时间段，认认真真地提升一下公司的内部管理水平，整治一下公司里随处可见的浪费现象，但因为一年到头都很忙，所以始终没能腾出时间来落实。等新冠肺炎疫情暴发的时候，不佳的管理、低效的协作，一下子把公司拖向大幅亏损的困境，公司现金流6个月以来一直处于时断时续的状态，刘总竭尽全力，只能勉强维持当前局面。

刘总知道，当小徐已经把话说到这个份上的时候，他的离开也就是不远的事情。自从公司不能正常发放工资以来，业务骨干已经流失了2/3，毕竟优秀人才在哪里都能找到工作，收入不会降低。他眼看着辛辛苦苦培育出来的优秀业务骨干流向竞争对手，自己却无能为力，便不禁长叹一声：如果能够早一些采取行动，构建一个高效率运营组织，那也不至于落到今天这个地步。毕竟竞争对手虽然也面临严峻的市场环境，但运营效率高，所以现金流始终处于健康状态。

类似这样的企业故事在中国不断上演着，公司领导层普遍高度重视战略、营销等能够为公司带来更多收入的环节，但对于组织运营效率则缺乏关心，具体的表现是：虽然口头表示很重视，但几乎不怎么花时间处理问题，或者头痛医头、脚痛医脚，难以解决根本性问题。企业管理者在组织管理上的漫不经心，使企业平时就处于亚健康状态，因此一旦市场有风吹草动，企业就面临亏损。

2014年，时任国务院总理李克强在夏季达沃斯论坛上提出，"在960万平方公里土地上掀起'大众创业''草根创业'

的新浪潮，形成'万众创新''人人创新'的新态势"。此后，中国掀起了一股创业与投资热浪。但在相当长的一段时间里，投资人对于实体企业是不感兴趣的。在许多投资人的心目中，好企业的标准是：爆发性强，短期内能够快速做大规模；同时固定资产要少，因为资金一旦变成固定资产，就会马上开始贬值。实体企业要想制造出产品，在市场上赢利，需要租赁厂房、购买设备、招聘并训练工人、购入原材料，最后才能做出产品，整个价值链比较长，这与投资人的投资标准相去甚远。

投资人的"不感兴趣"，从一个侧面反映了实体企业盈利的困难程度。实体企业的基本特征是需要在多个环节预先投入成本，但这些成本投入后，最终产品能否在市场上变现盈利是不确定的。当发生以下风险时，企业预期的利润目标就难以实现。

» 大宗商品涨价。例如，2021年在美国推行量化宽松货币政策"大放水"的背景下，钢铁、煤炭等大宗商品价格暴涨，普涨50%以上；大宗商品价格的上涨，进一步引发物流成本、电力成本上涨，但终端销售价格基于市场惯性，几乎没有变动，使得原材料上涨的成本全部由企业自己承担，企业利润空间受到挤压。

» 生产周期加长。企业毛利率的设定是以行业标准交付周期来确定的，生产周期过长会导致企业失去市场竞争力。但实际生产周期取决于员工的工作效率。如果交付过程中，员工效率不高，或错误不断，交货周期就会不断拉长，最终预期盈利的项目将无法实现盈利。

» 成品存放在仓库待售时，整个市场开始更新换代，预期的利润根本无法实现。企业必须在最短的时间内清仓，否则库存会永远留在仓库。

» 下游客户经营风险。B2B（企业对企业）业务模式中，上游厂家对下游客户放账期，是标准做法。根据行业不同，付款周期从1个月到6个月不等，如果下游经销商或客户由于成本上涨无力经营下去，上游厂家会产生货款损失。也就是说，虽然交付了产品，但货款永远收不回来了。

　　动荡的外部环境，彰显出提升组织运营效率的重要性。当前，企业家必须回答的一个问题是：如何建立高效率组织？能够成功回答这个问题，意味着相较于竞争对手，企业的效率更高，这不仅意味着企业有更高的盈余，更意味着在面临激烈的市场竞争时，企业可以报出更低的价格，并且依然处于可盈利状态，这将为企业带来明显的竞争优势，从而获得更多订单。对于投资人而言，选择投资标的时，首先是看赛道，其次是选择赛道中的行业领军企业，这意味着市场占有率更高的企业有更大的概率获得资本青睐。一旦资本进入后，企业就可以凭借雄厚的资金实力，把行业优秀人才高薪挖来，从而进一步强化运营优势。这就是更高的运营效率带给企业的优势循环（见图2-1）。

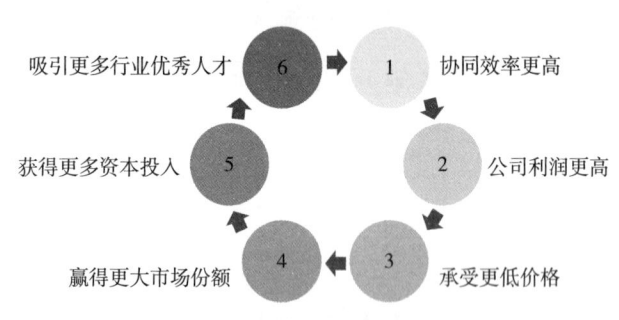

图 2-1　运营效率的优势循环

资料来源：作者整理。

建立高效率组织的理论探索

如何建立高效率组织？自全球工业革命以来，这个问题就始终是一代又一代企业家关心的问题，也是世界各地管理学者悉心研究的问题。100多年来，很多优秀学者做出了富有价值的探索，从不同维度尝试回答这个问题，形成了不同的理论流派，主要包括以泰勒为代表的科学管理学派、以法约尔为代表的管理过程学派、以韦伯为代表的行政组织学派、以马斯洛为代表的行为科学学派、以巴纳德为代表的社会系统学派、以西蒙为代表的科学决策学派等。各类学派的观点林林总总，并不相互否认，各自在不同场景下闪耀着智慧的光芒。

从内容上看，各学派从不同角度对企业组织进行观察与研究，得出的结论包括组织效率与员工的工作方法有关，组织效率与职能分工有关，组织效率与员工动机有关，组织效率与协同体系有关，组织效率与领导决策有关（见图2-2）。

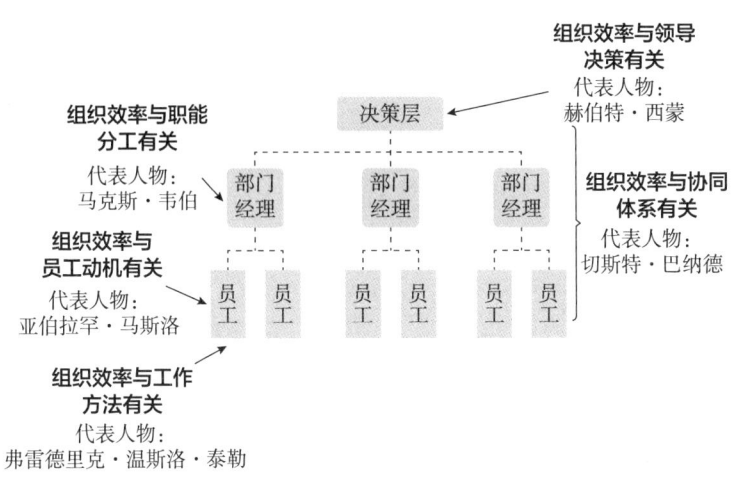

图2-2 企业组织理论关注点及其代表人物

资料来源：根据公开资料整理。

组织效率与工作方法有关

科学管理之父弗雷德里克·温斯洛·泰勒认为，组织效率与员工的工作方法有关。泰勒指出，一个优秀组织，绝非一群人的简单叠加。换句话说，组织并非招聘到怎样的人就按照这个人的能力来使用，而是需要通过科学管理，将其转变为组织需要的人。他在著名的《科学管理原理》一书中更是以翔实的数据、科学的实验结论证明了这一点。

泰勒认为，在传统管理模式中，员工凭借其工作技能，通过面试赢得工作机会；然后上级每天给其下达任务，如果员工能够完成任务，就可以保住工作岗位，如果不能完成任务，就很可能会被辞退。但管理者没有关注员工完成任务过程中采取的工作方法。由于每一项任务的完成，都会有不少于10种方法，只有极少数聪明且有观察力的员工会逐步总结出最优方法，这也导致在大部分情况下，员工的工作方法都不是效率最高的。由于缺乏对员工的工作方法的管理，企业不得不忍受员工的低效，当公司存在普遍的低效行为时，将遭受巨大的利润损失，且短期内很难扭转局面。

在《科学管理原理》一书中，泰勒推荐用科学管理方法替代传统管理方法，用于上级对下级的管理，科学管理方法的核心内容包括：

» 管理者应当将员工拥有的知识汇集起来，并进行分类、列表，进而将这些知识改编成规则和条例。

» 管理者应当为员工工作的每一个部分提出一种科学的操作方法，用以代替单凭经验的操作方法。这种科学操作方法，往往是多种工作方法中的最佳选项。

» 科学地挑选员工，并进行培训和教育，使之得以发展，而不是像过去那样任由员工各尽所能、自我发展。

» 密切关注员工的工作，以确保所有工作都能按照已经形成的科学方法进行。

以最简单、最难以创新的砌砖工作为例。

砌砖是最古老的行业之一，数百年来，该行业中所使用的工具和物料基本上没有什么改进，更不用说砌砖的技术了。尽管有成千上万的人从事这一行业，但是一代又一代，几乎没有人对它进行过什么大的改进。弗兰克·吉尔布雷思对于科学管理理论有浓厚兴趣，决定把这些原理应用到砌砖技术中。

吉尔布雷思认真观察砌砖工是如何工作的，对砌砖的每个动作进行了认真而有趣的分析和研究，把不必要的动作一个个地剔除，并用快捷的动作代替缓慢的动作。影响工人砌砖速度和疲惫程度的每个细节因素，他都要对其进行试验。

通过不停地试验，吉尔布雷思逐步找出了砌砖过程中每一个环节的最优动作。

他研究了墙、灰浆箱和砖堆的位置关系，他为砌砖工的每只脚设定了准确的位置，因此当砌砖工砌砖时，就不必在砖堆和墙之间来回走动了。

他还研究出灰浆箱和砖堆的最佳高度，并设计了一个脚手架，上面铺上一块平木板，然后将所有的物料都放在上面，使砌砖工与砖堆、灰浆和墙之间保持合适的相对位置。随着墙的升高，脚手架是可以调整的，有专门的工人来做这件事情，砌砖工就不用再重复弯腰捡砖、抹灰浆、直起腰来砌砖的劳累动作了。这么多年来，砌砖工每捡起一块砖（重约5磅[①]），都需要俯身至脚下取砖，然后直起身来砌砖，不仅浪费时间，而且消耗体力。

进一步研究的结果是，在将砖块从车上卸下，并将它们运给砌砖工之前，先由一名工人认真排列，将砖块好的一面朝上放在一块简易的木架上。木架制作的思路是，确保木架能够使砌砖工在最短的时间内抓到每块砖。这样，砌砖工就可以不用颠来倒去地检查砖块，以保证将砖块最好的一面砌在墙的外面，同时节省了砌砖工判断砖块的哪面比较平整的时间。在多

[①] 1磅约等于0.45千克。——编者注

数情况下，他也无须花费时间去整理脚手架上杂乱无章的砖块。这个砖块"包"（吉尔布雷思对木架的称呼）由助手放在可调整高度的脚手架的适当位置，靠近灰浆箱。

我们经常看到，砌砖工把每块砖放到灰浆床上以后，会用泥刀的末端轻轻敲打几下砖块，直到接缝处的厚薄度合适为止。吉尔布雷思发现，要是灰浆调和得正合适，将砖放到灰浆床上以后，只要用手往下压一下，砖块就砌好了。因此，他坚持让灰浆调和工在调和灰浆时一定要特别注意，以节省砌砖工敲打每块砖的时间。

通过仔细研究砌砖工在标准条件下砌砖的所有动作后，吉尔布雷思将其动作由18个压缩为5个，在某些情况下，甚至只要2个动作就能完成。他为此专门出版了一本名为《砌砖的方法》的著作，其中一章的内容是"动作研究"，对砌砖的每个动作进行了详细的研究。

分析一下吉尔布雷思将砌砖的动作从18个压缩为5个所采用的办法，会发现这一改进是通过3种不同的途径实现的。

首先，摒弃一些过去认为十分必要的动作。他经过仔细研究和实验，发现这些动作其实是没有什么作用的。

其次，他设计了一些简易工具，如可调整高度的脚手架、放置砖块的木架等，只需通过一名廉价劳动力的些许协助，就可以利用这些工具帮助砌砖工省去大量劳累又费时的动作，而这些动作在设置脚手架和木架之前都是必要的。

最后，他教导砌砖工在做简单的动作时，要同时使用双手，而在此以前，砌砖工总是先用右手完成一个动作，再用左手完成另一个动作。例如，吉尔布雷思教导砌砖工，用左手捡起一块砖的同时，用右手操起一泥刀灰浆。当然，双手并用之所以是可能的，是由于用一个灰浆箱取代了古老的灰浆板（上面的灰浆很薄，以至于要往前走一两步才能取到），而且灰浆箱和砖堆离得很近，并被放在高度适合的脚手架上。

经过科学的指导，砌砖工每人每小时能砌350块砖；而常规情况下，砌砖工每人每小时只能砌120块砖。砌砖工的领班将这些新的方法教给工人们，那些能熟练使用新方法的工人，其工资将会有大幅度的提高（增加80%~100%），而那些经过培训仍不得要领的工人将被解雇。即便如此，相比200%的业绩增长，公司依然是获益更大的一方。①

砌砖实验并非验证科学管理方法有效性的孤例，泰勒亲自发起了著名的"搬运生铁实验"。该项实验在美国宾夕法尼亚州伯利恒钢铁厂进行。工厂有一个生铁搬运小组，约有75

---

① 参考《科学管理原理》，弗雷德里克·泰勒，电子工业出版社。

名搬运工人。经过观察，搬运工人每人每天平均搬运12.5长吨[①]的生铁，经过使用科学管理方法之后，工人们很轻松地实现了47长吨/天的工作量。同样的75名工人，劳动时间与疲劳度并没有增加，而每天的业绩增加了276%，收入也增加了50%~60%。

泰勒倾其毕生精力于科学管理的探究，他以详尽的数据、细致入微的科学实验证明了一点：企业不能任由员工自行选择工作方法，而应当通过科学管理找出各岗位的最佳工作方法，并将其传授给员工，指导工作过程；当员工的工作效率提升后，企业应当与员工分享收益，并形成长效机制。

组织效率与职能分工有关

科学管理方法的普及，必然导致专业化分工的出现。企业发现，让某个表现优秀的职员专注于其擅长领域，一方面能够使其继续发展擅长的专业技能，另一方面，其可以帮助其他员工提升该专业领域的技能，从而使得企业在方方面面实现"整体最优"。马克斯·韦伯提出职能分工的"科层制"概念，使得职能分工从实践上升到理论。

---

① 1长吨约等于1 016千克。——编者注

"科层制"指的是一种具有专门化的功能、固定规则程序、权威分等的正式组织制度。韦伯的主要论点包括以下几个方面。

» 把一个组织中为实现目标所需要的全部活动划分为各种基本作业，作为任务分配给各个组织成员。每一个职位都有明文规定的权利和义务。在组织的每个环节上由拥有必要职权的专家来领导完成各项任务。

» 各种职务和职位按职权等级原则组织起来，形成一个指挥体系或阶层体系。每个人不仅要对自己的行动负责，还要对自己所属下级的行动负责，下级接受上级的控制和监督，上级必须拥有管理自己的下级的权力，能发出下级必须服从的命令。

» 组织中人员的任用，根据职务要求，通过考试或教育训练来实现。每个员工必须称职。

» 组织中人员的工作活动必须受组织规则约束，组织规则明确规定每个成员的职权范围和协作形式。

» 管理人员不是他们所管理的单位的所有者，只是其中的工作人员。

韦伯的"科层制"思想，成为今天企业广泛应用的"部门分工制"的基础，至今企业的部门设置与分工，都是建立在这一思想之上的。

组织效率与员工动机有关

泰勒的科学管理思想、法约尔的管理职能思想、韦伯的行政组织思想，统称为"古典管理理论"。古典管理理论在20世纪初对于企业的管理行为起到了重要指导作用，推动企业管理走向精细化、专业化，为企业生产效率提升提供了很大助力。但物极必反，管理的严密性使得一线工人日益感到自己像机器的附庸，工人的劳动变得异常紧张、单调和劳累，这引起了工人的不满。西方的资产阶级感到单纯用古典管理理论和方法已不能有效管理工人以达到提高生产率和利润的目的，期待有新的管理思想和管理方法能够帮助企业提升效率。著名的霍桑实验就是在这样的背景下展开的。

长达9年的霍桑实验真正揭开了员工行为研究的序幕。霍桑实验的初衷是试图通过改善工作条件、环境等外在因素，找到提高劳动生产率的途径（这实际上是科学管理思想的进一步延伸）。然而实验结果却出乎意料：外部条件的变化并没有影响工人的工作效率。但有一个意外发现：生产小组内有一种默契，大部分工人有意保持工作业绩的一致性（即高效率员工会自动降低自己的工作效率至平均状态），否则就会受到团队的排斥。研究学者乔治·埃尔顿·梅奥由此得出了一个非常重要的结论：影响工作效率的不是工作条件，而是工人自身的工作动机。

梅奥的实验结论对于组织效率研究有着极为重大的意义，人们意识到，除了科学的工作方法，员工自身的心理与情绪对于生产效率也有着重要影响。自此之后，一大批学者参与到"以人为中心"的行为研究中来，并且诞生了著名的马斯洛需求理论、赫茨伯格的双因素理论、麦格雷戈的 X-Y 理论。行为科学学派认为，员工基于自身性格与需求层次，参与到工作中，如果工作能够满足个人需求，员工就会表现出较高的工作效率；如果工作是一种被迫出卖劳动力的行为，员工就会表现出较低的工作效率。这些理论至今对于企业建立激励体系依然有着重要影响，企业家努力通过奖惩机制、职业发展体系的设置，影响员工的工作动机，从而激发员工的工作激情。

组织效率与协同体系有关

随着工业化的发展，科学管理与行为科学已经不能完全解释工作中的协同效率低下问题，在这个背景下，社会系统学派及相关理论出现了。系统组织理论创始人、现代管理理论之父切斯特·巴纳德在著名的《经理人员的职能》一书中指出："组织是有意识地协调两个以上的人的活动或力量的一个体系。"组织最重要的目标不是个体的发展，而是怎样使所有人作为一个整体为了既定目标工作。组织存续的必要条件是协作意愿、信息交流能力、组织目标的存在及其被成员所接受。

巴纳德的贡献在于，揭示了单纯的科学工作方法、职能分工、激发员工热情的管理工作的局限性，指出了组织是一个系统，"组织与个人之间的作用，多于个人之间关系的总和"，除了员工个人之间的相互作用，组织作为一个整体也与员工发生相互作用。巴纳德指出：

» 组织并非个体与个体的简单叠加，而是一群专业人员的组合，他们各自具备不同的专业特长，为了特定目标聚合在一起。
» 协作意味着组织需要采取行动将个人导入协同体系，并对个人行动加以控制。这意味着员工不可以按照自己的个性、想法去随意做事情，而是需要按照约定的规则去完成任务。
» 协同体系需要有明确的目标，这个目标是组织内所有人共同的目标，而非简单的个人目标的叠加。换句话说，即便每个人只从事一部分工作，其最终目的是实现集体的同一目标。只有每个人把组织目标当作工作目标时，在规则的作用下，每个人的作业成果组合在一起，才能实现组织期待的目标。

组织效率与领导决策有关

1978年的诺贝尔经济学奖获得者赫伯特·西蒙指出："组织是一个决策系统，有效的组织应以正确的决策为基础。"传统组织理论存在一个很大的不足，即它忽视了对组织决策问题的研究。

西蒙认为，一个组织可以分为三个层次：最底层是基本生产过程，指取得原材料、生产产品、储存和运输的过程；中间一层是程序化决策制定过程，控制日常生产操作和分配系统；最顶层是非程序化决策制定过程，对整个系统进行设计和再设计，为系统提供基础的目标，并监控组织活动。

由于决策者是"有限理性"的，即决策者不仅受认知能力、知识、价值观念等主观因素限制，还受信息充分度、时间、经费等客观因素限制，组织要实现优质决策，需要围绕"决策"展开组织设计，组织需要高度关注"信息从一个组织成员传递给另一个成员的任何过程"。领导者的决策有效性，对于组织实现目标的效率有着决定性影响。

VUCA 时代的组织无效性

100 年来,世界各地的管理学者对于组织效率进行着持续不断的研究,对于组织进步给予了良好的指导,实体企业逐步稳定形成了以"专业部门分工"为特色的组织架构(见图 2-3)。

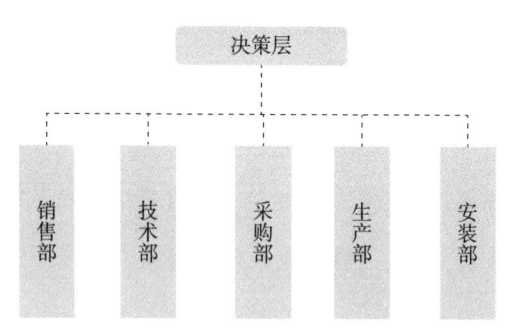

图 2-3 实体企业通常采用专业部门分工制

资料来源:根据公开资料整理。

这种组织结构设计的好处显而易见:为客户创造价值的过程被划分为若干关键环节,每个环节都由专业人士承担工作,并由专业经验丰富、管理能力突出的人担任部门管理者,确保这个环节的工作被高质量执行。

但这样的组织结构当前正在遭受时代的挑战。这种挑战随着中国科技企业数量的增多、规模的扩大而变得越来越明显。

2010—2014年，在新华都慈善基金会的支持下，我与2006年诺贝尔经济学奖获得者、哥伦比亚大学教授埃德蒙·费尔普斯，北京大学教授何志毅一起从事创业教育的研究探索。此后由于在创业教育方面的丰富实战经验，我受到科技部人才中心、上海市科技创业中心、苏州工业园区企业发展服务中心的邀请，培育国科创新CEO企业、上海市科技小巨人企业、苏州工业园区上市苗圃企业。这些企业都是中国最优秀的科技企业，拥有先进的科技水平，并有望发展成为世界级企业。

得益于拥有数以千计的科技企业成长的样本，我发现了一个奇特的现象：相当数量的科技企业在初期会高速成长，达到年销售额1亿~3亿元后，成长速度很快就会降下来，此后生产销售规模长期盘旋，难以继续成长。即便企业拥有独特技术，市场需求量巨大，也始终无法突破瓶颈。

这种现象引发了我的关注和思考。我开始不断进入企业内部，对这一问题进行研究。研究的方式是实地调研，与总经理、部门经理、业务骨干分别谈话，从实践者身上获取第一手信息。

研究结果表明：当今时代日益强烈的VUCA特征，对企业的交付能力提出了巨大挑战。

VUCA一词源自20世纪90年代美军创造的概念，用于描述"不稳定"（Volatile）、"不确定"（Uncertain）、"复杂"（Complex）和"模糊"（Ambiguous）的状态。此后，VUCA一词越来越多地被商业界引用，用于描述混乱的、快速变化的商业环境。

对于科技企业而言，客户需求变化的频率，比传统行业要高出数十倍。这是由于两方面的原因。一是科学技术迭代速度加快，颠覆性技术层出不穷，跨领域科技融合更是加快了技术变革的速度和技术迭代的频率。二是企业上下游之间合作的融合度进一步加深，供应商不再是简单地为客户大规模量产的产品做配套，而是在客户的产品研发阶段就开始做配套。这意味着客户的需求并不是确定的，而是走一步看一步，因此，客户对供应商产品的性能与指标需求往往会中途发生变化（这样的变化对于供应商当然是痛苦的，但技术应变能力往往是科技型供应商赖以生存的核心能力）。

时代的 VUCA 特征是如何影响企业运营效率的呢？下面，让我们深度剖析企业的价值交付过程。

大多数科技企业都是这样运作的：销售人员专职负责跑客户，努力赢得客户信任；当客户有购买意向时，解决方案专家会上门了解客户的具体需求，并提交解决方案；客户接受解决方案之后，双方签订合同；随后公司在内部召开项目启动会，由销售部门向技术部门、采购部门、生产部门传达客户的需求信息，各个部门领取任务后，就开始各自准备交付工作（见图 2-4）。

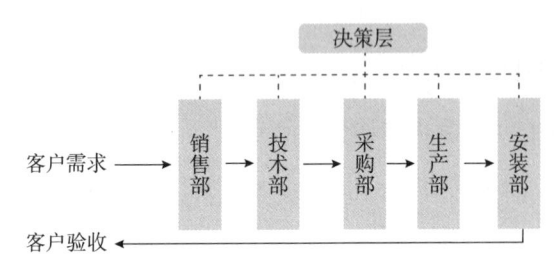

图 2-4　客户需求通过各职能部门的接力劳动得到满足

资料来源：根据公开资料整理。

如图 2-4 所示，每一项订单由一个部门完成后，转交给下一个部门负责，直至订单完成。这样的组织运行模式有一个问题：订单是从上一环节向下一环节单向流动的，如果某个环节发现上一环节的工作有问题，想回过头来追溯责任就很困难，甚至同一部门的平级沟通也很困难（理论上，从公司制度与流程来看，可以反向追溯责任，但现实中这样的责任追溯工作很难落地）。

以设计工作为例，一项设计工作，往往涉及多个技术工种，如结构、电气、通信、软件等。每位技术工程师手头都不止一个项目，而且项目是一个接着一个、一个比一个着急的，在这种情况下，技术工程师就想着赶紧把工作做完交出去。这一"赶紧"，就意味着怎么快怎么来，技术工程师就不会仔细思考很多细节，可能会给后续工作环节带来很大麻烦。例如，电气工程师根据过往习惯选用一款进口电机，不但价格贵，而且到货期长，他不知道国内厂家已经可以生产同类电机；结构工程师在一个项目里选用的螺丝钉型号达30多种，每种螺丝钉规格不等且用量很少，给生产与安装人员带来极大麻烦。每位工程师把手头工作交出去后，就不再管了，除非上级明确指出其错误，否则一概不理其他岗位的诉求。

采购人员拿到技术部发来的物料清单，发现不合理的项目，但反馈根本没有效果：讲给技术负责人听，对方忙得根本坐不下来；讲给具体负责的工程师听，对方根本没有时间修正。采购人员没办法，眼看交期要到了，只能将就着干。

生产部门接到生产任务后，发现缺图纸、缺指标项、缺质量检验标准，技术部门给的资料无法清晰地指导如何进行生产加工（很多技术工程师可能根本没有到过工厂，更不懂工艺），只能由生产部门的工艺小组自己慢慢摸索。

这样的交付过程从头到尾都是混乱的。产品交付客户后，性能是不稳定的。等客户进行投诉的时候，大家才开始重视，重新回顾流程找问题、解决问题，于是每个人都变得更忙。

当外部环境处于长期稳定状态时，比如客户需求变动很少，供应关系长期稳定，那么传统组织运行过程中的问题，会逐步被公司高层发现，并通过制定严格的工作流程，辅助以奖惩制度，上述部门协同解决问题，就可以得到比较好的管控。但VUCA时代的重要特征，是客户需求的不确定性与高频率变化，这使得公司很难通过严格制定管理制度来确保部门与部门的协同、岗位与岗位的协同能够按照设定好的流程来执行。

再进一步深究下去，为什么企业组织运行低效？一个非常重要的原因在于企业组织采用的是"科层制"，即每个部门承担专项职能，职能与职能的组合构成完整的价值交付体系。这种组织形式有利于信息自上而下地传递，下级对上级绝对负责，但对于平级信息流通是不利的。而公司满足客户需求的过程，恰恰是需要信息平级流通的，订单的满足是需要各个部门的专业人员协同完成的。科层制组织模式适合执行稳定不变的任务，当外部市场环境的变化日益频繁时，这种组织模式的弊端也日益凸显。

当前，企业管理者面临两难挑战：一方面需要通过专业职能划分及科层制，保证专业技术攻坚能力（专业职能部门的设置依然是必要的）；另一方面，客户需求的满足涉及多个跨度很大的技术领域，比如机械、软件、电气、物联网、通信等，需要打破"部门墙"的障碍，促进不同专业领域的同事进行充分的信息交流，以完成订单交付任务。传统组织模式已经表现出越来越明显的弊端，无法满足高水平跨部门合作需求，企业必须探索新的组织形式。

第三章
柔性组织的概念与模型

当今时代颠覆性技术层出不穷,企业面临巨大挑战,一方面销售规模需要不断增长,另一方面需要满足每个客户的个性化订单要求。企业必须改变传统组织运营模式,构建柔性组织。柔性组织的目标有三个。第一,能够面对复杂的不确定性。第二,内部资源的灵活配置。内部资源在需要使用的时候可以迅速聚集,在不需要使用的时候迅速释放。第三,弹性。任务应当以最小成本、最佳质量、最短时间完成,但这三个维度常常是矛盾关系。柔性组织赋予一线特战小组独立自主的决策权,能够根据具体场景,选择成本、质量、交期的最佳平衡。

委屈的项目经理

阿杰见到技术部的小张，急忙把客户需求变动情况介绍了一下，没想到小张冷冷地回答："项目需求又更改了？这件事我做不了主，你跟我们经理说吧。"说完转身忙自己的事情去了，把阿杰丢在了一边。

阿杰站在原地，心中五味杂陈。作为一家环保工程公司的项目经理，他名义上被冠以"经理"称号，实际上手下一个人都没有，开展工作需要用到的人员实际上隶属不同的专业职能部门，这些人都各自有上级领导，根本没有人听他的。小张名义上归属他这个项目管理，实际上双方交流不多，大多数时候仅限于任务传递。

小张的生气也并非没有道理。站在技术部的角度，很容易理解这种怨气。本来销售部召开项目启动会的时候，各个部门已经达成了共识，项目规划如何、项目进度如何、采用何种技术标准，都已经谈妥了。技术部的同事加班加点赶工期，按照约定的条件努力完成工作。但客户需求一旦更改，他们的很多设计工作都作废了，需要从头再来，换了谁都会很生气；而当这种需求变更反复发生的时候，同事之间就难免当面爆发冲突。

阿杰已经记不清这是客户第几次提出修改需求了，作为乙方他无能为力，只能按照客户的意见做调整。他也很清楚自己并无实权，本质上是一个协调员：当客户变更需求的时候，首先努力劝说客户不要变更，当然大部分情况下这毫无用处；于是他只能小心翼翼跟技术部门同事解释这个客户是多么强势、多么难搞，表明自己已经尽力了。如果技术部门的同事不吃这一套，那他只能回过头来找领导，让领导出面解决。

果然不出所料，领导听了之后眉头皱了起来，心里肯定在想："这种小事你还搞不定吗？还干什么项目经理！"看到这种脸色，如果是年轻的时候，阿杰早就撂挑子不干了，但现在他已经39岁了，上有老下有小，必须保证稳定的收入。于是，他只能跟领导小心翼翼地赔笑解释。转过身来，阿杰觉得自己也很委屈，这种当夹心饼的滋味太难受了。

上述一幕是中国实体企业中项目经理的日常写照。公司的专业化分工，保障了专业力量聚集与有效管理，也造成了信息割裂，降低了协同有效性。公司设置项目经理的本意是打通各部门之间的信息鸿沟，提升跨部门协作水平，但实际上项目经理责任很大，权力很小，大部分情况下只是起到协调人员的作用，客户订单缺乏高效率响应，跨部门协同的混乱状态没有得到根本性解决。

柔性组织模型

如何在组织规模化基础上实现灵活性，使得客户的个性化订单得到高效实施，成为VUCA时代企业面临的巨大挑战。为了应对这样的挑战，企业必须改变传统组织运营模式，构建柔性组织。柔性组织的目标有三个。

第一，能够面对复杂的不确定性。客户需求满足是一个复杂的过程，将客户需求转变为工作订单，需要经过"需求获取—理解澄清—方案提议—交互讨论—客户认可"等一系列过程，同一客户不同层级人员对最终解决方案可能有不同意见，客户表达需求的准确性也是不尽相同的，还可能叠加客户中途修改需求等不确定因素，这使得客户订单满足是一个非常复杂、充满不确定性的过程。柔性组织通过组建特别工作小组，以"一对一"的配置集中精力服务特定客户，保证客户的复杂需求得到及时响应。

第二，内部资源的灵活配置。柔性组织能够面向全公司调集资源，并进行灵活配置，内部资源在需要使用的时候可以迅速聚集，在不需要使用的时候迅速释放。

第三，弹性。理想状况下，任务应当以最小成本、最佳质量、最短时间完成。但这三个维度常常是矛盾关系，难以同时达到最佳值。传统组织中，每个部门会追求单一维度最佳值，以体现本部门绩效，比如技术部非常看重功能的满足，追求高性能、高品质，而不太关心物料成本；采购部对物料价格的关注度超过物料质量。这种"不同位置关注点不同"的现象，反而会使项目整体受损，从而影响客户满意度。柔性组织赋予一线特战小组独立自主的决策权，能够根据具体场景，选择成本、质量、交期的最佳平衡，以达到有限资源下的客户满意度最大化。

为了实现上述目标，我们必须进行组织重构。

通常来说，组织重构意味着岗位重新划分、岗位职能重新定义、业务流程重新设计，要先拆除旧的组织架构，然后建设新的组织架构。这对于组织而言具有巨大风险，很可能在拆除旧的组织架构之后，新的组织架构迟迟无法有效建设起来。公司很可能因为这样的变革轰然倒下。

企业界迫切需要一种新的组织模式，笔者认为新的组织模式应该满足以下条件：

» 能够应对客户高频变动的需求。无论客户需求如何变化，公司的交付体系都能够快速应对，不脱节。
» 具有模块化的可扩张性。当订单数量持续增加时，组织模块具有良好的可复制性。
» 从旧的组织形式转化到新的组织形式能够实现"非跳跃式转化"，对运行中的组织不形成冲击。

为了构建满足这些条件的组织模式，我与同事不断探索，在一次又一次的创新实践中，一种全新的组织模型逐步清晰起来，其可以在几乎不增加成本的情况下，通过重构组织要素，使部门专业职能得到强化，更可以实现对每一笔订单的100%跟踪与响应，使企业实现组织革新，并大大提升组织效率。这种组织形式与章鱼非常类似，我们称之为"章鱼型柔性组织"（见图3-1）。

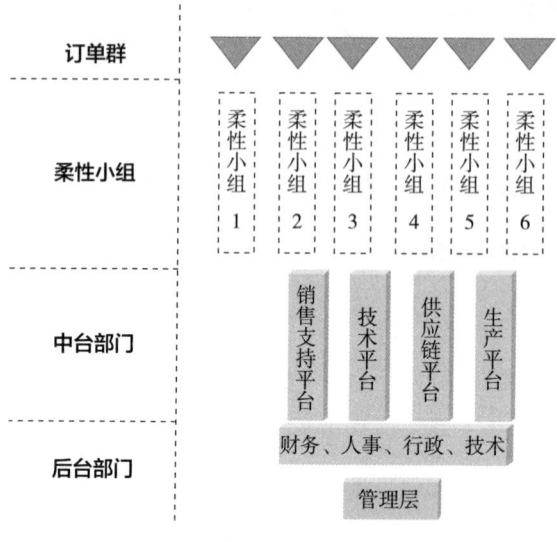

图 3-1 "章鱼型柔性组织"模型

资料来源：作者整理。

"章鱼型柔性组织"模型由三大板块组成：柔性小组（前端）、中台部门（中端）、后台部门（后端）。柔性小组负责直接响应客户需求；中台部门不直接面对客户，负责支持柔性小组完成交付；后台部门不对具体订单负责，负责支持公司的各个部门。①

柔性组织的结构形式为：1 个中央平台（含多个专业职能

---

① 本模型侧重研究公司签订订单合同后，交付部分的组织模式，不涉及具体销售部分。

平台）+ N 个柔性小组（N 可以持续扩充，与订单数量匹配）。中央平台受大脑（决策层）指挥，对组织整体目标负责；柔性小组对具体任务的结果负责，有独立决策权。这一结构形式类似自然界的神奇动物：章鱼。

章鱼被科学家认为是自然界中最聪明的生物之一，其高度智慧令科学家怀疑其 DNA（脱氧核糖核酸）来自外星。它所有的功能器官都长在脑袋上，8 只触手与头直接相连，拥有高度的灵敏性。令人难以置信的是，章鱼的触手上也有神经元，因此它的每条触手都可以独立运作。根据华盛顿大学心理学和天体生物学系教授大卫·吉尔及其学生多米尼克·米歇尔·西维提利的研究，章鱼的触手在一定程度上能够自主协同，无须大脑参与决策。这种特性使得章鱼可以更快地思考和反应，并且能够做出复杂的行为动作。章鱼在现实中表现出极强的环境适应性，它的身体相当灵活，可以扭曲成自己想要的任何形状，可以通过改变颜色和形状进行伪装，还能模仿人类用两条腿逃跑。[1]

---

[1] 参考 2019 Astrobiology Science Conference，"Collective cognition in the arms of the octopus"，Dominic Michel Sivitilli, David Gire。

柔性小组

柔性小组是为满足客户订单需求而成立的临时小组。每一个订单对应成立一个柔性小组，该小组的唯一任务就是满足订单需求。它的优点是"专注"，责任边界很清晰。对于客户需求应当100%及时响应（并非意味着对于客户需求100%接受），使得客户能够得到充分关注。

柔性小组随着客户订单项目的启动而成立，随着客户订单项目的交付与验收通过而解散。

柔性小组的负责人为"柔性经理"，成员为"柔性人员"。每个订单启动时，公司指派一名柔性经理负责该项目，由该柔性经理向各中台职能部门要人。一方面，中台部门需要配置合格人员供柔性经理使用，对于过往表现不佳的柔性人员，柔性经理有权拒绝使用，在这种情况下，中台职能部门需调换人员。另一方面，柔性人员也可以选择柔性经理。无论是柔性经理，还是柔性人员，都需要非常谨慎地对待组织赋予的挑选权。若柔性人员被多个柔性经理拒绝，或者柔性经理被多个柔性人员拒绝，则其本身会被认为能力不符合柔性小组的要求，可能面临降级、调岗的处理。

客户满意度通常从质量、成本、交期这三个维度进行衡量，而这三者之间实际上是存在一定的矛盾的。因此，柔性小组拥有一定程度的自主权,可以独立判断如何更好地令客户满意,而非追求所有维度的最优值。

柔性经理对最终结果负全部责任。公司根据交付结果对柔性经理进行评估,柔性经理对于柔性人才在该项目中的表现进行评估。柔性经理对于柔性人才的奖惩意见都将反馈到中台职能部门,由中台职能部门执行奖励与惩罚。

柔性经理通常由经验丰富的项目管理人员担当,他们需要熟悉跨领域的技术,且具有良好的领导力;柔性人员是各个部门的中级技术人才,具有独立的工作能力。

中台部门

中台部门看起来很像传统组织中的专业职能部门,如技术、供应链、生产等。但在华创柔性组织模型中,专业职能部门的定位发生了重大变化。

传统模式下,职能部门是订单任务的执行主体。随着订单越来越多,部门人数就越来越多,这意味着在执行订单过程中,每一位员工平均得到的上级关注与支持越来越少,当部门与部门直接的订单协同工作遇到问题时,可能就会产生员工求助无门、订单被耽误以及产品质量被忽视的问题。正如MK智能公司案例中所展现的情景,最终问题都将集中在客户端爆发。

此外，传统的职能部门在员工能力建设方面，是"建设者、使用者、监督者"三者合一，自己负责培养本部门员工，培养出来了归本部门使用，培养得好不好只有自己知道。这种自己监督自己的模式，对工作失误一定是捂着藏着的，想办法掩盖过去，运营是低效率的。正如我们观察到的，传统模式下，企业几乎没有能力培养自己的人才，一味寄希望于从外部挖人；培养员工的工作长期被忽视，进一步导致人员低效、内耗增多，同时，员工会感受到自己的能力水平始终在原地打转，并且士气低落。

在华创柔性组织模型中，非常重大的变化在于中台部门的职责。

中台部门的职责是根据前端团队的需要，为其提供重量级支持。正如现代战场上发生的那样，无数的特战小队穿插、渗透到敌方区域，无论是面对小股敌军，还是敌方装甲集群，都有能力消灭：前者通过特战小队手中的武器就可以实现，后者则通过呼叫中台炮火覆盖来实现。战场上，无论是陆军的远程火炮，还是海军航空母舰的巡航导弹，虽然拥有强大的集团火力，但并不直接面对敌军，而是随时准备为前端团队提供支持，这就是中台的力量。

在柔性组织中，柔性小组是为客户提供"一对一"服务的，高效率地响应客户需求；中台部门不直接为客户服务，而是通过为柔性小组服务来实现对客户的服务。非常重要的一点是：这样的服务首先要考虑"统筹原则"。例如，技术中台为前端团队提供服务和解决方案时应扩大视野，进行系统思考，尽量考虑到复用性，即解决方案的模块化，方便同类问题都可以采用这种解决方案；采购中台并非为每个订单分别采购，而是汇集各柔性小组需求，尽量集中采购，以降低成本，提升质量可控性。

构建柔性组织，意味着职能部门的功能需要重新定位，转为主要负责三件事情：面向未来的重大项目建设、中台支持，以及专业人员培养。

第一，面向未来的重大项目建设。企业如果想保持增长势头，就需要不断开发面向未来的产品，让企业的竞争能力跃上一个新的台阶。通常企业都会聚集最优秀的商务与技术力量，用于代际产品开发。但这样的重大产品开发并非易事，需要对客户所处的行业具有洞察力，需要经验丰富的技术高手主导产品规划与设计，需要不断解决开发过程中出现的各类新问题。这些都会大量消耗公司顶级技术资源。现实中，科技企业往往倾向于把最优秀的技术力量优先用于客户订单的满足，因为这样就能够以较快速度交付客户满意的产品，但这样会引发一个问题：公司不再有精力开发面向未来的产品，最终将导致公司技术竞争力的弱化。在柔性组织中，专业职能部门（中台部门）的定位转向"面向未来的重大项目建设"，把最顶级的资源优先用于下一代产品开发，为公司构建持续的技术领先能力提供保障。然而，这样的组织设计，会不会导致公司交付订单的技术力量不足呢？我们会在后面的内容中告诉大家如何解决这一问题。

第二，中台支持。在前面关于柔性小组的描述中，我们指出柔性人员通常由专业职能部门的中级人才担任。中级人才在订单交付过程中会遇到各种技术问题，对于确实超出柔性小组处理能力的难题，柔性小组可以向中台部门求助。那么会有读者问：为什么不直接用高级人才做订单交付呢，这样岂不是更高效？因为公司的高级人才是最宝贵、最稀缺的资源，公司内部供应有限，而且很难从外部获取。我们将高级人才从一线战场撤离出来，留在二线，是为了提高其技术劳动成果的可复用性。高级人才不仅工程经验丰富，而且对客户需求非常了解，在柔性小组遭遇新挑战时，能够以更高的站位设计解决方案。

第三，专业人员培养。柔性小组的高效工作，离不开人才供应。由于柔性小组属于项目型组织，因项目而生，随项目完成而解散，不可能承担人才培养工作，所以这项重要的任务就落在了技术中台部门身上。技术中台汇集了公司优秀的高级人才力量，且不再对客户订单负有随时响应的责任，精力较为充裕，能够承担这样的责任。当公司可以源源不断地生产出专业技术人才时，柔性小组就有了选择权，能够淘汰表现不佳的人员，选用技术能力好、协同意识强、工作激情高的人员，这进一步提升了柔性小组的交付能力。

专业人员的培养能力，是公司的一项战略级别的核心能力，对于公司应对大规模交付、保持持续的技术领先具有重要作用。关于这一点，后续我们会详细说明。

下面，我们以 NH 软件[①] 为例，看前端团队与中台部门是如何协作的。

NH 软件的主营业务是为政府机构、事业单位的信息化建设提供软件服务。公司软件部以往是根据客户需求做订单交付的，每签订一个订单，软件部就负责派遣软件工程师到客户公司提供现场服务，根据客户需求编写软件代码，直至验收通过。随着公司业务量增长，这样的组织模式弊端日益显现。为客户编写成套

---

① NH 软件为虚构企业名称，不指向特定企业。

软件，不仅需要软件工程师会编代码，而且需要其懂客户业务逻辑，能够根据业务逻辑设计软件架构。具备这种能力的人，公司内部仅有3~5名，他们不得不四处赶场，不停地从一个客户转场至另一个客户，跟客户交流，指导现场软件工程师工作。但当公司订单超过3 000万元时，他们就无力承接更多业务了。

组织变革后，软件部的定位发生了调整：专注打造产品级软件模块。公司内部为数不多的技术高手，既懂客户需求，又懂软件架构设计，属于稀缺宝贵资源，不再四处赶场，而是集中精力负责产品级软件开发。由于他们经验丰富，很容易设计出市场需求频次高的软件模块。在这些软件模块基础上，前线人员只需要做一些工作难度不高的增量就可以满足客户需求了，工作复杂度大为降低，公司中级工程师就可以独立承担。因此，公司组织变革后形成的新模式是：由1名中级软件工程师和2~3名初级软件工程师组成工作小组，负责客户端软件交付工作；公司软件部负责根据前端需求，不断开发出产品级模块，供前端灵活组合。由于中台技术水平高，前端工作变得轻松很多；而中台部门在打造产品级应用过程中，一批初级工程师在高级工程师指导下，技术水平得到提升，得以快速成长为中级工程师，进一步提升了前端交付能力。这样的良性循环，使公司的业务承接能力大大提升，公司业务规模很快实现倍增，达到每年1亿元的订单交付量。

后台部门

后台部门是中台部门的支撑性力量，包括行政、人力资源、IT（信息技术）系统等。后台人员的自我定位应当是BP（业务伙伴），而不是单纯的服务响应部门。定位不同，服务姿态也不同。比如人力资源部门的职责之一是应中台部门需要来提供高潜力人员，如果人力资源部门认为，我提供足够多的面试人员就可以了，能否录取到足额合格员工，是用人部门自己的事情，与我无关，那么中台部门大概率是很难找到足够多的合格人才的。作为业务伙伴，人力部门要扮演好"业务伙伴"角色，需要了解业务逻辑，如果觉得用人部门的招聘与录取有问题，则应当给予专业指导，直至达成录取并留用的结果。所以，后台部门并不是一直位于"后"方，而是经常要深入前端与中台。

柔性组织运作流程

如图3-2所示，柔性组织是这样运作的。

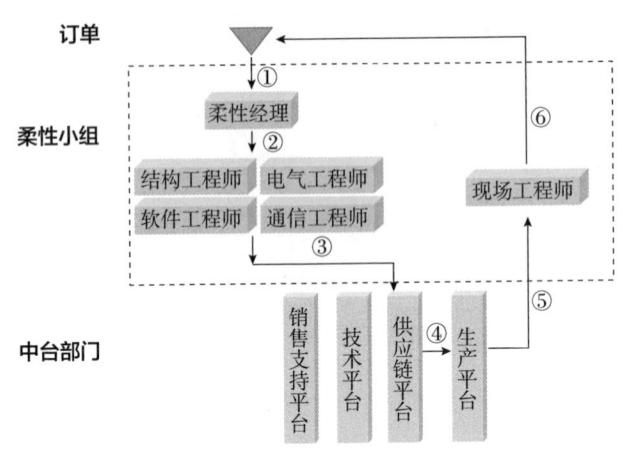

```
订单 ────▶▼◀──────────────┐
         │①              │
柔性小组  ▼               │
       柔性经理           │⑥
         │②              │
    ┌─────────┬─────────┐ │
    │结构工程师│电气工程师│ │
    ├─────────┼─────────┤ 现场工程师
    │软件工程师│通信工程师│
    └─────────┴─────────┘
         │③    │         ▲
         ▼     ▼         │⑤
中台部门 销售 技术 供应链 生产
        支持 平台  平台④ 平台
        平台
```

图 3-2　柔性组织运作流程

资料来源：华创教育研究院。

第一步：销售合同签订后，公司指派一名项目经验丰富的人员担任柔性经理。柔性经理需要熟悉订单交付所需的各种技术，熟悉客户应用场景，并具备良好的领导力。

第二步：柔性经理将立项信息发送给各中台职能负责人，请职能部门派出相关人员参与柔性小组。柔性小组成员通常包含各领域技术工程师，他们负责按照客户需求设计出全套图纸、代码，编写有关技术文件等。

第三步：柔性小组将物料清单、技术文件交给中台部门。供应链平台负责准备物料。

第四步：供应链平台将物料准时提交给生产平台（或直接

发至客户安装现场），生产平台根据技术文件，对物料进行加工，制造出产品。

第五步：生产平台把产品运输至客户现场，由现场工程师验收。

第六步：现场工程师负责安装调试。通常在安装调试过程中会发现各种问题，也可能根据客户需求在现场做进一步调整，那么现场工程师需要迅速把有关信息传递给柔性小组内部各成员，紧密协同，做出技术上的调整，直至现场调试通过，客户验收合格。

订单交付过程中，高频变化通常发生在客户接触点。客户接触点包括我方柔性经理（柔性小组负责人/项目经理）与对方项目负责人的接触，以及我方现场交付负责人与客户需求部门负责人的现场接触。只要客户产生了新的需求，柔性小组就需要以很快的速度响应，分析客户需求，把客户需求转化为技术语言，然后快速实现跨领域技术合作，并将需求信息转化为技术图纸、物料清单、指导说明书等，用标准化程序和标准语言体系向中台部门发出指令。中台部门根据清晰的指令为柔性小组提供支持。

中台部门不直接与客户接触，专注于服务柔性小组；同时这种服务并非简单的响应式服务，而是统筹式服务、预见性服务。由于中台部门同时面向多个柔性小组，面对更广泛的客户需求场景，并承担公司中长期发展的任务，可以将针对柔性小组的"一对一支持"变成"一对多支持"，可以将"即期服务"与"远期规划"结合起来。

柔性组织的优点及应用场景

柔性小组类似军队中的特遣队或特战小组，是应任务而产生的；任务结束，小组也完成任务，成员回归各自专业职能部门。柔性小组的设置能够将专业职能部门从烦琐的日常订单交付工作中解放出来，使其专注于对公司有重大影响的工作。

传统组织模式的重大缺陷在于：重要业务骨干力量被主要用于订单需求满足（这看起来是个很正确的决定，实际上却是无底陷阱），随着订单数量日益增多，业务骨干力量的精力逐渐被耗尽，开始顾此失彼，公司就会出现大量纰漏，进而动用更大资源、调用更多力量去弥补。将传统组织转型成柔性组织后，可以解决这一重大组织缺陷。

柔性组织解决了传统组织模式下的多项矛盾，主要包括以下三个方面。

第一，优质技术资源不足与资源浪费的矛盾。一方面，科技企业的优秀技术人员往往是不足的，且难以从市场招聘。另一方面，优秀技术人员被大量用于订单交付，他们主导订单解决方案的规划、订单进度的管控、订单技术难题的处理，众多难题在他们手中都被一一化解。表面上看，订单被高效地交付了，而实质上，这也导致优秀技术资源被订单和琐事缠身，只能处理有限数量的订单。很多工作是一过性的，造成优秀技术能力的浪费。

第二，订单需求增长与合格交付人员不足的矛盾。科技企业的订单量不断增长，却难以招聘到足够数量且合格可用的工程技术人员。在柔性组织中，"培养合格交付人才"成为职能部门里的高级人才的重要工作职责之一，他们能够以流水线的方式，源源不断地为公司培养和输送人才。

第三，短期开发与中期研究的矛盾。短期开发围绕客户需求展开，特点是"短、平、快"；中期研究围绕下一代产品展开，特点是"重要但不紧急"。如果公司把主要力量都聚焦于满足客户订单需求，就会失去未来竞争能力；但如果公司用于订单交付的人力不足，短期现金流就会出问题。柔性组织中，高级人才把精力用于下一代产品开发，同时把初级人才培养成中级人才；中级人才借助高级人才开发的产品模块，为客户提供定制化服务，把高级人才从烦琐的订单交付中解放出来，形成有机协同。

值得一提的是，对于企业而言，没有所谓"最优组织模式"，只有适合的才是最好的。柔性组织并非在所有场景下都是最高效的，它主要适合订单达到一定规模、客户需求高频变动的场景，换句话说，当企业面临订单数量越来越多，且订单普遍呈现出高频变动特征时，柔性组织是非常适合的。

如果企业的订单规模不大，即便客户需求高频变动，企业的优质骨干力量完全可以有精力从容面对，这时转换到柔性组织的迫切性并不强。但公司管理层需要预见到，公司下一步规模做大后，依靠优质业务骨干交付必将遇到精力瓶颈（业务骨干的精力是有限的，且市场可获得性不高），因此需要提前思考如何为建立柔性组织做准备。

如果企业的订单规模很大，但产品是标准化的，可以通过严格流程管控保证交付质量，那么传统组织形式依然是有效的，并不一定需要转化为柔性组织。

如果企业的产品线比较复杂，有的产品品类是标准化的，有的产品品类需要简单定制，有的产品品类需要投入较多精力进行复杂定制，在这种情况下，则需要分别处理。标准化产品的交付，采用严格的生产流程进行管理。需要定制的产品则分为复杂类、简单类两种情况进行柔性处理。在为复杂类订单配置柔性小组时，可派出较强的业务力量，以应对客户复杂的、创新的、意义重大的需求；为简单类订单配置柔性小组时，可以调派普通技术人员处理。换句话说，柔性组织不仅组织形式是柔性的，在具体配置资源时，也能够根据交付需求情况进行人员的灵活配置。

从传统组织到柔性组织

柔性组织与传统组织的运行模式有很大不同，表3–1详细说明了两者的差别。

表3–1 传统组织与柔性组织运行模式的区别

比较项目	传统组织	柔性组织
任务下达模式	任务下达给部门，部门负责人下达给业务主管，业务主管独立完成，或者带着几名初级工程师完成	订单任务下达给柔性经理，柔性经理向各职能部门要人，职能部门派出有独立工作能力的人员加入柔性小组
责任人	部门长（业务骨干）对订单中的"责任部分"负责	柔性经理对于整个交付过程负责
困难支援模式	下级向上级反馈，上级指导解决问题	柔性经理组织团队会议，集体讨论如何解决问题
重大问题处理方式	上级负责组织力量解决问题	传递给中台，中台组织高级技术人才进行模块化解决
成员信息充分度	对本部门情况比较了解，对其他部门情况不了解，对客户需求情况不了解	对本部门情况非常了解，对于其他职能部门情况也很了解

资料来源：华创教育研究院。

第一，任务下达模式不同。在传统组织中，订单在部门之间、上下级之间传递。首先任务下达给部门，部门负责人把任务安排给业务主管，由业务主管独立完成或带领几名工程师完成后，把阶段性结果交付部门负责人，由部门负责人再传递给下一个环节。柔性组织中，订单任务下达给柔性经理，柔性经理向各个职能部门要人，职能部门派出有独立工作能力的人员加入柔性小组。柔性组织中，用人单位与育人单位是分开的，责任清晰；传统组织中，用人单位与育人单位是同一个部门，即便育人工作做得不好，也难以改进。

第二，责任人不同。传统组织中，订单在各个部门之间流转，每个部门负责人对订单中的某一环节负责。这种模式的弊病在于，可能存在部门与部门之间的"三不管地带"，导致很多扯皮现象。柔性组织中，柔性经理对整个交付过程负责，对于订单中的任何情况，柔性经理都是第一责任人。

第三，困难支援模式不同。传统组织中，下级向上级反馈困难，上级指导问题的解决。这种模式会导致一种结果：执行人员越来越倾向于把困难与挑战转给上级，他们发现上级总是有更强能力与更多资源，可以轻松解决问题，于是，执行人员也不再自己费心费力。这种情况会导致上级负担日益加重，逐渐陷于日常琐事中无法抽身。柔性组织中，解决困难的第一责任人是整个团队，大家群策群力，以创新思维解决困难。

第四，重大问题处理方式不同。遇到难以克服的困难或超出能力的挑战时，传统组织中，部门负责人牵头组织力量解决；柔性组织中，中台部门组织高级人才进行模块化解决。

第五，成员信息充分度不同。传统组织中，执行人员对本部门情况比较了解，对其他部门情况并不了解，对客户需求情况也不了解，常常在信息不充分的情况下开展工作，导致失误频发。柔性组织中，客户及订单信息在团队中充分流动，成员不仅了解客户，而且对于跨领域的信息也比较了解，信息充分度高，能够掌握全局信息。

柔性组织更强调成员之间的"软关系"，使得柔性经理与成员之间有着"充分沟通"。柔性经理需要把项目信息尽可能完整地传递给团队成员，以利于其发挥专业能动性，给出最佳解决方案的建议。柔性组织中，各成员之间属于专业互补关系，成员意见更容易得到尊重，因此成员的参与感强，容易激发创新活力。

柔性组织中的"软关系"，也意味着组织要想实现高效率，需要依赖团队成员积极主动的工作态度、较强的专业能力，以及超越部门界限的全局思维。如果团队成员缺乏积极主动性，配合意愿不高，且组织关系中缺乏强制力，整个项目的推动就会困难重重。同时，如果团队成员缺乏全局思维，单方面认为"我的方案是最好的"，则会影响解决方案的整体协调性。

传统组织模式中，上下级有着清晰的行政隶属关系，上级将任务以工作指令形式下达，下级的执行力强，但主动性较弱，习惯于上级怎么说自己就怎么做，遇到问题就丢给上级来解决。长期处于传统组织模式中的员工，思维容易形成定式，要转变为主动思考、敢于决策的柔性组织员工，注定是一件非常具有挑战性的事情。

构建面向不确定性的柔性组织，挑战在于"人"，瓶颈也在于"人"。企业面对快速多变的市场环境，需要建立一套培育"柔性人才"的体系，源源不断地制造具有全局思维的"一专多能"人才。

柔性组织与项目组织的区别

很多读者在第一次接触柔性组织概念的时候，会非常疑惑：柔性组织与项目组织的区别是什么？

项目组织与柔性组织从外表看很像，内部运营效率却完全不同，属于"形似神不似"。在很大程度上，项目组织就是一个"岗位组合"组织。项目经理负责给内部各部门提需求，审功能、审质量，并控制成本、进度。职能部门虽然派出了人员参与到项目工作中，但具体工作人员对项目小组缺乏归属感，对项目目标缺乏认同感，以"让我干什么我就干什么"的心态，只知道机械地埋头完成自己分内任务，不了解客户整体需求情况，不了解其他岗位情况，更不知道如何与其他岗位进行配合与协同。

现实中，项目经理往往是一个"协调者"，而非"领导者"。这是因为公司在选择项目经理的时候，更强调协调能力，将技术能力放在其次（由于招聘既有技术能力又有沟通能力的项目经理非常困难，不得已退而求其次），所以项目经理在处理客户需求时，既难以管控客户需求，又难以用技术语言对内精准表达，无法获得项目小组成员的信服，更难以承担起领导项目小组的责任。有的企业也会从技术开发队伍中，选择技术能力好、沟通能力强的人员担任项目经理，但这样的人数量非常少，很快就被烦琐的日常订单缠身，公司难以承接更多订单。

柔性组织则完全克服了项目组织的常见弊端：

» 柔性经理有着丰富的项目经验，懂客户需求、懂技术，沟通能力强，不仅是客户与柔性小组之间沟通的桥梁，也能有效领导柔性小组成员完成交付任务。

» 柔性小组成员不是为了完成任务应付交差,而是积极参与到客户订单的讨论中,主动贡献创新思路。面对客户需求变动,能够深入理解,积极应对。
» 柔性小组成员之间有着充分的信息交换,包括每个人的技术思路、工作进度,确保小组内成员的信息是同步的。在面对调整时,能够聚合在一起群策群力,主动攻坚克难。

柔性组织并非对项目组织的否定,它既与项目组织有一定相似性,又克服了传统项目组织的弊端。

柔性组织的落地难点

柔性组织最重要的特点是:柔性小组能够独立决策,高效应对客户的需求变动,将高级人力资源解放出来,从事意义更重大的工作,是一种非常好的组织形式。但我在给企业家学员授课时,第一次听到柔性组织概念的同学,往往会心生疑虑,感觉现实中很难实现。柔性组织的现实难点包括以下两个方面。

第一,柔性经理很难获得。柔性经理既要懂技术、善于沟通、情商高,又要能够管控整个项目的质量、成本、交期,这几乎是对总经理岗位提出的素质要求,社会招聘可能性很低,且成本非常高。

第二,让柔性小组成员积极主动地在一起工作,操作起来相当困难。懂技术的工程师比较容易招聘到,但大部分工程师都是需要给出清晰指令,在上级监督下工作的,有主动意识的工程师太少。

对于企业家心中的疑虑,我能够充分理解。柔性组织听起来非常美好,但如果缺乏人才供应,依然如同空中楼阁,无法落地实现。

所以,柔性组织的落地,必须有一套人才供应体系做支撑,能够源源不断地为企业提供柔性人才、柔性经理。

第四章
柔性组织的人才供应

把最优秀的足球选手组合在一起,会不会形成世界最强的足球队?答案是:不会。团队要发挥最大效能,关键在于成员之间的协同与配合。柔性组织面对的工作任务常常会发生变化,"补位"工作必不可少,当某项专业工作遇到困难停滞不前时,柔性人才能够为同事迅速补位,推动工作继续前进。如何系统性地培育"柔性人才"呢?"柔性人才建设PACC模型"指出,应当从两个层次、四个维度入手:员工层面主抓工作激情、工作技能、全局思维三方面建设,干部层面着力打造"教练型管理者"队伍。

科技企业的人才困境

柔性组织可以大大提升企业应对高度不确定性的市场环境的能力,一个又一个柔性小组建立起来,在中间平台的强大支持下,灵活满足客户的个性化需求。柔性小组内有来自不同部门的专业人员,每个人都是任务建设者,而非单纯的指令接受者,主要沟通形式为平级沟通,团队成员的意见会被高度重视,其专业构想常常成为解决方案的一部分。

柔性组织面临的最大挑战,是人才供应问题。

如果某个二线城市,其企业难以招聘到合格人才,那么可以归因于该城市缺乏吸引力,人才都聚集到一线大城市去了。事实上,北上广深等一线大城市的科技企业,也难以招聘到合适人才。可能有人认为，大城市房价太贵，生活成本太高，人才都跑到苏州、成都这样的新一线城市了。而苏州、成都的科技企业家，也在抱怨人才不好招。

由此可见，科技企业普遍面临人才难招的困境。本质上，这是市场供应的人才的能力结构与企业需要的能力结构不能匹配所造成的。

柔性经理能力结构

柔性经理是特定订单的交付负责人，需要与形形色色的人打交道，包括客户方、各职能中台部门、供应商、内部成员等。柔性经理需要具备丰富的能力结构，包括以下五个方面。

一是客户需求理解能力。在高科技领域，客户未必能够准确地描述需求。这是由于其任务是创新性的，市场上并没有同类产品，没有可以模仿的对象，所以需求未必想得很明白，描述得也未必很清楚。柔性经理不能简单地将客户提出的需求原封不动地传递回内部，而是需要首先理解客户的需求，比如客户为什么会产生这个需求，主要想解决什么问题、产品会被应用到何种场景；客户指定的材料、零部件或规定的性能、指标是必需的、不可改变的吗，还是仅仅基于客户设计部门的设计习惯提出的。清楚地理解客户需求，并且将其与公司交付能力相匹配，对于顺利交付非常重要。

二是技术理解能力。客户需要的是一个解决方案，柔性经理需要将客户需求转变为各岗位的专业技术工作任务，这需要柔性经理有很强的技术理解能力，知晓各专业技术领域的同事是如何开展工作的。当柔性经理熟练了解各技术工种时，任务拆解会更加精准，管理内部小组成员时，能够实现同频交流。反之，如果任何一名成员都有可能从技术层面向柔性经理发起挑战，那么团队就很难管理了。

三是项目管理能力。接到订单任务后，柔性经理首先需要做好项目进度规划，然后再做细致的项目管理，以确保按时将产品或解决方案交付客户。除了管理项目进度与交期，柔性经理还需要做好质量控制、成本管理、风险防范等工作。

四是沟通协调能力。柔性经理是各关联方的沟通枢纽，任何一方关于订单的想法，都需要通过柔性经理传递给相关方面。由于大家专业技术不同、性格迥异，很可能理念与价值观也不同，当客户需求发生变动时，让众多人员做到思想一致、行动一致，就需要柔性经理付出大量的时间做沟通工作。

五是团队领导能力。柔性小组是一个临时任务组织，订单交付完毕后小组就会解散，成员返回各自职能部门。柔性经理并没有很强的行政权力，必须充分发挥自己的影响力、领导能力，让成员对团队有认同感、彼此之间能够有效协同，并为解决方案贡献创新思路。

柔性人才能力结构

柔性人才是柔性小组中的专业领域专家。一项满足客户需求的解决方案往往涉及多个专业度差异很大的领域，如电控、机械、软件、算法、通信等，每一名柔性人才在特定专业都代表着该小组的最高水平。但并非拥有专业技术就可以胜任柔性人才岗位，因为解决方案不是多项专业技术的组合，而是多项专业技术的融合。总的来看，柔性人才需要拥有以下四种能力。

一是专业技术能力。在特定专业领域，理论基础扎实，实战经验丰富，在常见的技术场景中，能够熟练应对各种问题。遇到新场景，能够创新思考、解决问题。

二是跨界技术理解能力。通常来看，单一技术方案无法有效解决客户问题。比如机械工程师可以为一个传动问题提供多种技术思路，但他不能仅从机械结构角度选择结构更简便、成本更低的技术思路，还要考虑到电气控制方面的技术可行性，这就需要机械工程师不仅懂结构、材料，而且有跨界技术理解能力。

三是沟通能力。柔性人才需要对柔性小组有认同感与归属感，虽然知道柔性小组是一个临时组织，但依然会全心投入并为客户提供最佳解决方案。柔性人才需要把自己的想法、做法、进度分享给其他成员，以使大家在同一个信息频道工作。遇到协同中的问题，应当主动沟通，让其他同事理解自己所面对的困难。

四是全局思维能力。柔性人才能够从整个价值链的角度理解自身工作，理解客户需求场景，了解整个价值链运作机制，知晓如何与上下游环节形成有效协同。

无论是对于柔性经理，还是柔性人才，从其能力结构要求来看，要招聘到胜任岗位的人员，都是比较困难的。这与当前组织的人才供应模式有很大关系。

传统的人才供应模式

当前科技企业主要采用"交易型人才供应模式"，即企业面向劳动力市场，招聘富有经验的人员；企业支付富有竞争力的薪资，招聘到岗的人员能够很快进入工作状态，为企业创造价值。如果到岗人员被实践证明不能为公司创造价值，交易失败，劳动力会被退还市场。这种模式的好处是"一手交钱（薪资）、一手交付（工作成果）"，劳方与资方都不吃亏。

"交易型人才供应模式"的缺点是难以找到理想人员。市场上的优秀人才会首先选择一流科技企业就业，以期在薪资、项目经验、职场光环及发展前景方面获得最高个人回报。此外，企业里满足柔性经理、柔性人才岗位条件的人员都是各个企业的宝贵资产，公司老板会想方设法把人留下来，而不是让其流向市场，因此市场上优秀人才的供应始终是少量的。

采用"交易型人才供应模式"比较容易获得的是普通人员，这样的人有一些专业技能，能够满足常规场景下的交付需要，既谈不上敬业，也谈不上激情（激情不是单方面的，公司以交易心态定位企业与员工的关系，员工哪里会有激情来对待工作呢？）。这样的员工招聘到岗后，能够满足一般情况下的交付工作，但遇到新问题，则很容易把问题抛给管理者。领导怎么说，他就怎么做，不会少做，也不会多做，更不会多想。

"交易型人才供应模式"之下，公司永远缺少好的人才（这类人恰恰是柔性组织需要的人才类型）。好用的员工会被挖走，不好用的员工可能待着不走。企业面临的常态是：大部分员工不好也不坏，虽然都有这样或那样的缺陷与不足，但好歹能满足公司项目交付需要,因此舍不得放弃。当公司内部充斥着工作积极性不高、责任心不强的员工时,会影响交付质量,降低团队协同效率。

柔性组织人才供应模式

柔性组织必须建立新型人才供应模式,以保证公司有大量优秀人才供应。当公司能够不断涌现优秀人才时,他们之间形成良性竞争,团队将普遍呈现出积极、主动、创新的工作氛围。

新型人才供应模式,我们称之为"高潜培优人才供应模式"。企业招聘的对象不仅仅是富有工作经验的中级人员,也扩大到工作经验不甚丰富的初级人员。具体而言,这个模式的运作有以下五个关键步骤。

第一,降低招聘门槛,找到极富潜力的年轻人。中国每年毕业的大学生约为1 000万人(如2022届高校毕业生约1 076万人),其中约500万人是理工科毕业生。一方面,企业四处寻找合适人才;另一方面,大量毕业生找不到理想工作。其中的主要落差,在于企业不愿意招聘没有经验的大学生。如果企业降低招聘门槛,愿意接受工作经验不甚丰富的大学生,只要通过精准的测评手段,就可以招聘到商业敏感度高、自驱力强、学习能力好的高潜力人员。虽然拥有上述特质的大学生占比较低，但当人才供应量充足时，企业依然可以源源不断地招聘到高潜力人员。

第二，建立有效且低成本的赋能体系。当前企业普遍不愿意招聘没有经验的大学生，主要原因是培养成本太高。招聘来的大学生，对工作不能很快上手，企业一般都安排一位资深员工带着新员工干活。师父一点一点教，徒弟一点一点学。新员工刚开始只能打打下手，慢慢进入状态后，便逐步接手具有更高技术含量的工作，最终实现独立承担工作任务。这个过程短则三个月，长则一两年。等企业好不容易把新员工培养出来，等着他们为公司创造价值的时候，员工跳槽了，因为市场上其他公司给的薪资更高。企业辛辛苦苦付出了培养成本，结果为同行培养了员工，这种亏本生意，谁都不愿意做。吃过这样的亏之后，再也没有企业愿意招聘初级新员工了，企业宁可付出比较高的薪资，也要招聘那些入职就能贡献价值的员工。

改变"培养留不住好员工，不培养招不到好员工"的两难局面，有效方法是建立"有效且低成本的赋能体系"，用流水线方式源源不断地培养新员工，直至其能够独立开展工作。

关于如何用流水线方式培养人才，我们后续章节会详细说明。

第三，让初级人才在实战中提升专业能力。用流水线方式培养出的人才，能够应对常规场景的工作需要，但不足以应对柔性小组将面临的客户的复杂需求，因此还不能直接派送至柔性小组，而是需要留在中台提升专业能力。

柔性组织中，中台部门的三大任务之一，是为柔性小组解决复杂的专业问题。柔性小组通常能解决80%以上客户订单交付中的专业问题，如果遇到柔性小组无法解决的问题，会由中台部门组织高级人才牵头解决。

中台部门中的高级人才带领初级人才分析问题、解决问题。在解决一个又一个复杂现实问题的过程中，高级人才处理问题的原则、方法、技巧，思考问题的角度，会传授给初级人才。一部分领悟力强的初级人才会脱颖而出，快速进步。

当初级人才有能力独立处理客户复杂需求的时候，就可以晋级为中级人才，成为柔性小组的一员。

第四，让中级人才在柔性小组中成长。当初级人才成长为中级人才后，就可以被本部门派送到柔性小组，完成客户复杂需求的订单。在这里将会遇到很多全新挑战，没有现成的方案可以复制、模仿，需要根据客户实际情况进行变更、创新。

在柔性小组中，依靠个人力量是难以完成创新的，需要与小组其他成员一起，相互交流、相互激发，共创、分享是柔性小组工作的典型特征。

在柔性小组，中级人才可以超出部门知识范畴，广泛地接触关联领域，逐步理解各种技术是如何协同的，并最终形成客户满意的解决方案。

中级人才在柔性小组中成长，不仅积累了项目经验，更形成了"一专多能"的知识结构，成为难得的复合型人才。

第五，让优秀者成为柔性经理。柔性人才在订单交付过程中可以得到全方位成长，能够用全面的视角理解自己的工作，理解公司内部各部门是如何进行协同的，了解跨领域技术的彼此融合。当项目经验足够丰富时，优秀的柔性人才可以走上更高层级，成为柔性经理队伍中的一员。柔性经理很难通过社会招聘获得，这个岗位需要对公司内部的交付体系非常熟悉，才能够与各专业领域的同事进行顺畅的交流。

"高潜培优人才供应模式"中，"高潜"是至关重要的因素。职场上，技能是可以通过学习逐步提升的，但是有些素质是很难通过培训来提升的，比如一个员工的自驱力、学习能力、商业理解力，这些能力很难通过后天学习来改变（并非绝对不能改变，但需要付出很大的努力、较长的时间才能见到效果，对于企业而言，这个过程过于漫长）。

在人员遴选方面，"高潜培优人才供应模式"高度强调候选人应当具有强烈的自驱力、优秀的学习能力、良好的商业理解力，并为此降低了其他方面的门槛（如技能）。一个基本逻辑是：如果候选人自驱力强、学习意愿高、商业感觉好，那么他的学习效率会比较高，能够短时间内成长起来，并具备成为公司理想人才的潜力。

PACC柔性人才建设体系

在实际工作中，柔性人才的"柔性"是一种非常具有挑战的状态。让我们从柔性人才的角度，看看他的工作角色是如何发生变化的。

首先，销售部门传递过来一个订单后，柔性经理向专业职能部门要人，组建柔性小组。柔性人才被部门指定，参与到柔性小组工作。

其次，整个柔性小组工作过程不表，其间柔性人才可能同时加入多个柔性小组（由部门负责人判断其工作量）。当柔性小组工作结束后，柔性人才回到专业职能部门。

最后，在下一个柔性任务到来之前，柔性人才留在专业职能部门工作，可能作为中台人员，承担前端支持工作；也可能根据工作需要，参与中台重大项目开发任务，直至下一个柔性任务到来。

这种频繁的角色变换,要求柔性人才的心理素质非常强大,能够经常性地根据任务的变化,调整自己的角色定位,完成不同任务的要求。

很明显,柔性人才的工作充满挑战。要把公司由传统组织转变为柔性组织,需要从完整、系统的角度进行柔性人才建设。

如何系统性地培育柔性人才呢?从公司的视角看,应当从两个层面、四个维度入手:一是员工层面,主抓工作激情(Passion)、工作技能(Ability)、全局思维(Comprehensive Thinking)三方面建设;二是干部层面,着力打造"教练型管理者"(Coach)队伍。我们称之为"PACC柔性人才建设模型"(见图4-1)。

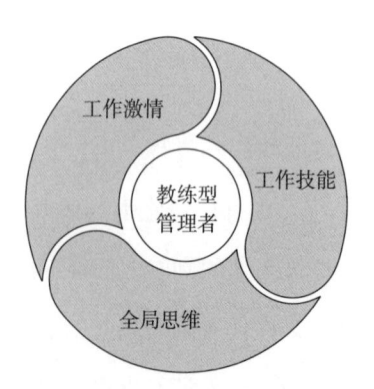

图4-1 PACC柔性人才建设模型

资料来源:作者整理。

第一，工作激情。柔性小组的成功依赖于柔性人才工作中的积极性与创造性。员工积极性高涨，会主动推动问题解决，提升运营效率；员工充满创造性，会源源不断地产生巧妙设计，让产品具有竞争力。富有激情的柔性团队，对于组织效率的重要性不言而喻。当前虽然有多种方法可以激发员工的工作激情，但普遍缺乏持久性效果。组织需要探索出一套行之有效的方法，让员工持续保持激情。

第二，工作技能。柔性组织常常面对复杂的客户需求，需要员工具备多样化的综合技能。柔性人才既需要拥有较强的专业工作技能，又需要有跨界工作能力。这样的复合型人才，难以从市场上获得，企业需要自建一套员工赋能体系，才能获得有竞争力的人才。

第三，全局思维。假如一名工人负责加工螺栓，另一名工人负责加工螺帽，两者不沟通信息的话，很可能做出来的螺栓与螺帽无法匹配。柔性小组成员如果把眼光都局限在本部门和本岗位，对工作任务的整体性一无所知，那么产生类似螺栓螺帽不匹配的问题将比比皆是。管理者处理协同问题，发现一起解决一起，但新问题会不断地冒出来，这是因为力气用错了地方。须知除草不除根，杂草是会反复长出来的。价值链上的协同问题，根源上是员工对于全局情况不了解。公司需要采取系统性措施打造具有全局思维的团队，从根源上解决协同问题。

第四，教练型管理者。柔性组织需要组织成员具有自驱力、学习力和综合专业技能，要实现这一点，仅仅依赖员工的自觉性是不够的，需要构建和完善管理体系。要实现这一目标，管理者需要由"任务型管理者"转变为"教练型管理者"，引导员工，激发员工，为员工赋能，并进行个性化辅导。

"PACC 柔性人才建设模型"是柔性组织中最核心的部分，管理人员首先要转变自身角色定位，从"任务型管理者"转变为"教练型管理者"，然后通过赋能系统、行为规范系统、激励系统的建设，源源不断地产生柔性人才。只要解决了人才供应难题，"1 个中台 +N 个柔性小组"的柔性组织就能够实现。

第五章
构建赋能知识体系

企业只有拥有自己的知识体系，才有可能源源不断地以低成本获得人才。企业在发展过程中积累了很多隐性资产，而这些隐性资产分散于业务骨干的脑海，没有得到提炼、显性化和方法论化，我们称之为"被遗忘的金矿"。企业需要组织力量萃取、提炼公司的知识、经验，记录过往的错误、教训，形成公司的专有知识体系，这样就可以灵活地培养企业所需的各类人才。

被遗忘的金矿

一名优秀的员工，其创造的价值可能超过两三名普通员工创造的价值。公司里的优秀骨干一方面经验丰富，积极肯干，不断用创新思路解决着公司的难题，是公司正向价值的创造者；另一方面，他们也是全行业竞争的资产，特别是头部企业的业务骨干，竞争对手往往愿意溢价 50%~100%，也就是以员工当前薪资的 1.5~2 倍将业务骨干挖走。挖人这个动作有两大作用：一是增加了本公司的问题解决能力，二是削弱了头部企业的工作能力。这两个目标通常都可以实现。

当头部企业失去了一名优秀员工之后，就会发现很多工作没办法推进，因为很多技术都掌握在这名跳槽的业务骨干手中。大多数企业平时的状态是：越能干的人，干得越多。而等优秀的同事离开企业后，管理者才会发现很多事情只有他们知道怎么做，但后悔也来不及了。当企业再要培养出同样优秀的员工时，可能要花三五年时间，经历数次失败。对于企业而言，这种损失是无法承受的。

企业家务必意识到：在发展过程中公司积累了很多隐性资产，比如项目经验、工艺技巧、场景化解决方案、失败教训等，这些隐性资产埋藏在员工的脑海，不被管理者重视，我们称之为"被遗忘的金矿"；如果公司不能及时萃取、提炼隐性资产，不将其显性化和方法论化，那么当员工离职时，金矿就会被带走。

富有远见的企业家善于识别公司被遗忘的金矿，深刻理解构建知识体系的重大意义，重视推进企业柔性人才供应链的建设。

知识体系是柔性组织人才供应链的重要基础设施。没有这样的基础设施，公司只能推行较为原始的"师徒制"，以老带新，在具体工作实践中，让新员工通过观察与试错，逐步学习进步，直至掌握独立工作技能，这个过程比较漫长，效率低下。有了知识体系，企业可以快速把外部招聘的"小白"（指具有一定专业基础，但工作经验不够丰富的职场新人）转变为具备独立工作能力的人员，实现"用流水线方式制造人才"的快速人才供应模式。

企业知识图谱

企业知识体系的建设是一个系统工程，不局限于服务柔性人才培养，旨在满足公司的四大需要。

第一，将外部招聘进来的人员转变为符合公司规范的员工。无论新员工有着怎样的不同特质，经过这个体系的培养后，其在价值观、行为规范方面都会自觉服从公司要求，调整人生发展方向并与公司发展方向相匹配，愿意在这样一个工作平台贡献力量、创造价值。

第二，将全体员工培养为具有"共同语言体系"的职业人才。虽然员工处于不同部门、不同岗位，每个人都在完成不同的具体任务，但最终是在携手创造共同的市场价值，需要用同一套语言来交流与协同。

第三，将各部门的初级人才系统地培养为中高级人才。通常情况下，初级人才的供应比较充足，但缺乏独立承担任务的能力；将初级人才源源不断地提升为中高级人才，能够满足公司交付工作的人才需求，提升公司的核心竞争能力。

第四，将高潜力业务骨干培养为管理人才。公司需要将业务素质优良的骨干转变为管理者，如此一来，业务骨干不仅自身足够优秀，而且能够通过管理让团队中每个员工都变得更优秀。当然这需要业务骨干能够顺利完成从业务专家到管理干部的转型。

为了满足公司需要，公司可以从四大板块构建知识体系（见图5-1）。

专业技能	营销	技术	采购	生产	领导力	管理技能
	营销原理 品牌策划 销售技巧 漏斗原理 ……	电气控制 机械设计 人工智能 软件开发 ……	供应商管理 谈判技巧 物流管理 合同管理 ……	质量管理 5S及目视管理 精益管理 安全生产 ……	下属激励 下属辅导 绩效评估 项目管理 执行力 ……	

全员必备职业素养

沟通技巧、高效会议、时间管理、团队协作、全局思维、问题分析与解决、商务礼仪……

入职培训

公司基本情况、核心业务、组织架构、行为规范、规章制度、价值观

图 5-1　知识体系框架

注：5S起源于日本，是日文Seiri（整理）、Seiton（整顿）、Seiso（清扫）、Seiketsu（清洁）、Shitsuke（素养）五个单词的简称，是指在生产现场对人员、机器、材料、方法等生产要素进行有效管理；目视化是指用各种形象的、直观的图表和色彩标识等视觉信息，提高生产率和管理效率的一种管理方法。

资料来源：根据公开资料整理。

入门知识

新员工进入公司以后，首先需要了解公司的基本背景及做事规则，包括公司发展历程、核心业务、组织架构、行为规范、规章制度、价值观等。特别是行为规范、规章制度及价值观，需要新员工认真学习，深入理解。新员工刚进入公司的时候，心态会比较谦虚，此时建立的规则容易印入脑海。如果在入职初期没有建立规则，那么一些不良习气后期就很难改变了。以华为新员工培训实践为例进行说明。

华为新员工培训实践

华为的新员工都需要参加封闭式的大队培训，培训历时五天，内容包括《华为公司介绍》《华为核心价值观》《华为员工商业行为准则》等，还有一系列主题活动，如辩论赛、小组研讨、员工大合唱、户外主题活动等。大队培训结束后，不同体系的新员工需要进入不同的训练营参加专业必备知识培训，例如，技术服务线的员工进入一营培训，客户线及产品线的员工进入二营培训，研发体系的员工进入三营培训，具体培训的时间长短可能会根据公司战略进行调整，最长的培训时间可能会达到半年。完成大队及分营培训后，员工到了部门还根据需要参加相关的技能或者操作培训。另外，每名新员工在入职六个月内都会有指定的导师辅导其快速融入工作环境和氛围，指导其开始具体工作。[①]

通用知识

"铁打的营盘流水的兵"，公司员工来来往往，背景复杂。一群经历不同的员工聚合在一起工作，没有一套"共同语言体系"是不行的。通用知识是为了确保在协同过程中，整个公司的员工能够有共同的做事方法，它包括但不限于：

» 高效会议。公司逐渐做大之后，会议越来越多，消耗了企业精英的大量时间。更可怕的是，很多会议是低效的，管理者本想通过会议解决问题，结果开着开着，就变成了相互指责、责任推诿；议而不决、决而无果现象普遍存在。因此，无论是会议发起人，还是会议参与者，都需要接受正规训练，知道如何做好会前准备、会中现场控局、会后跟踪落地等工作。

» 沟通技巧。同事之间的交流与沟通，由于双方站位不同，容易产生误解，进而引发人际冲突。员工如果掌握了沟通技

---

① 参考《华为的力量》，赵建飞、蒋国强、聂晓红，电子工业出版社。

巧，将会提升自我意识，主动改善自己的沟通方式，也会设身处地站在对方角度思考问题。公司培训员工掌握职场沟通法则，将会提升人与人之间、部门与部门之间的沟通效率与效果，提升员工化解冲突的能力。

» 团队协同。公司发展壮大后，员工对工作的理解反而会越来越狭隘，局限了本岗位、本部门；无形中，公司内部形成了部门墙，使得部门之间的协作困难重重。团队协同，是让员工从全局角度理解自身工作，从整体思维看待各岗位角色，明白工作业绩是一系列岗位接力劳动的成果，从而更好地达成协作。

» 问题分析与解决。每家公司都存在着各种各样的问题，可怕的不是问题本身，而是大家都发现了问题，却只会相互抱怨，没有人去解决问题。要解决互相推诿这项难题，企业需要教会员工如何正确分析问题、如何有效解决问题，将每个员工从"问题提出者"转变为"问题解决者"。

» 时间管理。很多员工上班时忙得不可开交，下班后却想不起自己做了什么，总觉得自己很累，却没有什么工作成果，根本原因是不懂得时间管理。时间管理的本质是个人事务与协同事务的时间分配。员工掌握了时间管理技巧，可以大幅提升工作效率。

值得一提的是，无论新入职的人员以前是否接受过类似训练，也无论其资历深浅，都有必要学习公司的通用知识。这样同部门或同组员工共事的时候，就有了共同语言，误解将逐步减少。例如，如果只有部分人学习了高效会议的相关知识，试图在会议中应用相关规则维持会议秩序，那么没有学过的人可能会不理解，甚至产生冲突与矛盾。

企业的通用知识并非只有上述几项，企业可以根据自己的实际需要，增加更多内容。

专业知识

通常而言，企业的其他知识是可以借助外部力量来获取的，但专业知识部分主要依靠企业自身积累经验。很多公司内部都有"技术大神"存在，他们技术高超，没有搞不定的技术难题，也是大家心中的"明星"。遇到难题，同事们总是能第一个想到他，"去找'大神'，一定可以搞定"。"大神"非常忙碌，也很享受这种众星捧月的感觉，忙碌而快乐着。没有人意识到，这其实是一种不太正常的情况，公司需要的不是一两个"技术大神"，而是要人人成为技术高手。专业知识体系，就是将分散在业务骨干脑海的专业知识，系统整理出来，形成标准化课件，人人可以学习，以快速提升技术队伍的业务水平。

YS物流装备公司[①]是中国最大的物流分拣装备制造商之一，为中国快递行业巨头提供快递包裹分拣系统的设计与建设。其技术板块横跨机械结构、电气控制、软件开发三大领域，专业性较强。YS物流装备公司将分散的专业技术知识进行汇总，再按照业务逻辑进行细分。以电气控制部门为例，汇总后的专业知识内容包括：分拣机电控系统、摆臂电控系统、摆轮电控系统、硬件参数设定、硬件连线、图纸设计、客户技术规则等。每个板块的专业知识可以进一步细化，以分拣机电控系统为例，又可以分为分拣机工作原理、触摸屏设置、灰度仪设定、驱动卡通信报文、分拣机操作规范、分拣机故障处理等。

专业知识一直都在公司内部，有的以文档形式存放在档案柜，有的以技术文件形式存放在不同员工的电脑文件夹，有的散布于不同业务骨干脑海，需要用的时候找不到，找到的时候内容不齐全，导致工作效率低下。通过建立知识图谱，就可以把零散的专业知识汇总起来，发挥大作用。

---

① YS物流装备公司为虚构企业名称，不指向特定企业。

管理能力

随着公司规模的持续扩大，其对管理人员的需求数量也持续增加，大部分企业的中基层管理人员都是从一线优秀员工中提拔的。这带来一个问题：如何将业务骨干转变为团队领导者？很多企业家并没有意识到这是一项艰巨的挑战，他们想当然地认为，一个人能干好活，也能带上两三个员工干好活。这其实并非一回事。当团队规模小的时候问题并不明显，当团队规模越来越大时，各类问题将层出不穷，这个时候想去解决问题，就会变得非常困难。企业家内心存在一个误区：我把优秀员工提拔成干部了，他聪明又肯干，肯定能很快担负起团队管理者的职责。现实并非如此，在我编写的《创业突围：跨越企业成长的12个陷阱》一书中，就记录了一个真实案例——"最佳员工变成了落后干部"，公司放任干部自我成长，最终导致失败，无论是公司还是优秀员工自身都遭受了损失。

干部应该具有哪些能力，才能承担起团队管理者的责任呢？通常一位管理者要胜任岗位，应该具备以下能力：

» 任务分解能力。面对上级交办的任务，如果管理者不会分解任务，自己冲锋在前，让周围的人打下手，结果只能导致自己越来越忙。分解任务，意味着管理者能够把一项任务所需要的工作拆分为几个子任务，每个子任务都有明确的产出结果项，各个产出结果项汇总起来，就是一个完整的任务结果。

» 下属激励能力。缺乏工作激情的下属比较喜欢做熟悉的工作，做起来熟门熟路，不费什么心思，也不需要什么创新，这样的工作状态会让企业日益走向平庸。管理者应当具备激励下属的能力，善于发现下属的兴奋点，将工作内容与员工个人的兴趣方向结合起来，激发员工的工作热情，使其在工作中不断创新。

» 绩效评估能力。一个团队里，总有做事情积极主动的员工，也少不了磨洋工的员工。如果团队管理者缺乏绩效评估能力，就会出现"吃大锅饭"情况，发放年终奖时，优秀员工与"摸鱼"员工的收入差不多，那么就会出现劣币驱逐良币的现象，优秀员工要么出走，要么归于平庸。所以，团队管理者一定要有绩效评估能力。

» 情景领导力。成功的管理者不是凭借行政权力建立权威，而是通过发挥自己的人格魅力，对团队员工施加影响。因此，如何构建个人魅力，如何在潜移默化中对他人施加影响力就越发重要。优秀的领导者善于在不同情境下灵活地运用领导力方法，持续激发员工的工作热情。

以上这些能力，对于新任经理而言，是一个全新领域，如果公司期望他在工作中逐步探索，不仅其成长速度较慢，而且在管理团队过程中会不断犯错，甚至令公司遭受损失。

如果说知识体系是柔性人才建设的基础设施，那么知识图谱就是公司知识体系的基本框架。有了这份图谱，公司就可以按图索骥，分阶段、分步骤地实施知识建设；同时在整个公司各层面大力推动知识建设，形成你追我赶的局面。

知识体系中的内容从哪里获取呢？通常有以下几个渠道：

» 知识萃取。将做事的流程、规范、原理、方法从资深员工脑海里提炼出来，形成标准化的操作方案。
» 项目复盘。将做过的项目全程记录下来，形成宝贵的经验。
» 外部引入。有些内容，特别是管理类话题，在市场上已经有成熟的课程体系，企业可以从外部引入标准化的电子课程，也可以外派管理干部学习，再由管理干部内化为公司的标准课程。
» 企业定制。企业可以引入外部专家，由专家诊断后，定制课程，并将课程作为员工与干部的必修课。

虽然企业获取知识的渠道很多，但是最容易入手、最能够对公司产生正向影响的方法是"知识萃取"与"复盘",这两种方法不依赖外部专家,能够从日常工作中获取知识与经验,且有助于形成"人人学习知识,人人贡献知识"的良好氛围,构建积极向上的学习型组织。

知识萃取

萃取是一个化学术语,通常指利用物质在不同溶剂中溶解度不同,使溶质从一种溶剂转移到另一种溶剂中的方法。在萃取工作中,我们需要的是溶质,但这种物质溶解在某种溶剂中,难以获取,通过萃取行为,并进行后续加工,就可以有效提炼出有用物质。

知识萃取与这个过程很像。宝贵的知识与经验散布在众多员工的脑海里,其他人看不见、摸不着,需要用一种方法将其提炼出来,还原工作的完整过程。这个过程很复杂,并非通常人们想象得那么简单,简单的做法只能获取一些零零碎碎的经验。在企业实践中,需要找来一些资深员工,通过访谈将其脑海里的知识与经验提取出来,仔细挖掘,并进行梳理,才能获取有用的经验。

我有一位在北京从事印刷器材销售的朋友,她的生意做得不错，我一直很好奇她是如何拿下订单的，因为这个行业非常成熟，竞争异常激烈，属于典型的红海市场。她入行时间比较晚，却能够不断拓展新客户，所以一定有独特经验。于是我就请教她是如何发展新业务的。

问：宜总，你的业务做得不错，有什么秘诀，分享一下吧！
答：主要是要搞定客户。

知识萃取的过程就是这样，一个很复杂的问题，被访谈者简单的一句话就回答了。很多经验丰富的业务骨干，自己也不知道为什么会成功，因为在他们看来，很多事情是自然而然发生的。我知道这位朋友的业务成功并非如此简单，她并没有什么背景，客户都是有着几十年历史的老厂，它们的供应商大多合作了多年，要挤掉竞争对手，"搞定"客户绝非易事。

问：你来北京的时间也不长，应该也没有什么熟人吧？
答：没有熟人，都是通过电话簿查询，以及朋友之间打听，来了解北京都有哪些规模比较大的印刷厂。
问：这些客户都是怎么认识的呢？是朋友介绍的吗？
答：没有朋友介绍。我通过市场了解到一些印刷量比较大的印刷厂，就主动上门去找他们领导。

原来她的客户拓展方法是"陌拜"（陌生拜访），这印证了我的想法，她并没有什么后台与背景，采取的是成功率很低的陌拜方式。问题是，她是如何成功的？

问：你找上门去，别人就接待你吗？
答：一次不接待没关系，多去几次。
问：一般见面后，跟客户怎么聊呢？
答：我会把我们的产品介绍一下。
问：产品介绍完，客户会有兴趣吗？
答：一般都会拒绝。因为市场上的产品质量都差不多，价格也都差不多，他们一般都有稳定的供应商了。

谈到这里，我还是没有发现她有什么与众不同的地方。陌拜就是这样，成功率很低，一般销售人员都看不上这种销售方法。

问：那你怎么办？对方已经说不要你的产品了，你再跟人聊什么？

答：我会经常去坐坐。

问：那岂不是很尴尬！人家都不要你的产品，你跟人聊啥？

答：随便聊，聊点印刷行业的信息，不一定要卖产品。就当交朋友，随便聊聊。

问：你这样岂不是打扰别人，对方领导会不会很烦你。

答：我不会打扰他，他忙的时候我就坐在旁边看报纸，看一会儿就走了。

问：这岂不是很浪费时间？白跑一趟？

答：不会的，我都是顺路过去的，坐半小时就走，没有特别耽误时间。

问：这样耗着有作用吗？对方有稳定的供应商，说不买你的产品就不会买，你干坐着也不会改变什么吧。

答：短时间内的确没有什么效果，但时间长了还是有作用的。大家聊得很熟悉了，多少会给一点业务，至少可以试用一下。

现在我多少有点明白了，她是靠死缠烂打、软磨硬泡获得一点业务量的。这种方法的确可以获得一些业务，但这种方法消耗的时间太多，而且产出不高，投入产出比很不划算。

问：给一点业务也没用啊，销量太少。

答：给一点业务，就是个很好的开始。我就可以接触到印刷厂里的很多人，比如采购科长、车间主任、工人等。跟印刷厂上上下下都混熟悉了，业务就可以一步一步扩大了。

问：你们的友商已经牢牢占据这个客户了，你怎么能做到逐步扩大业务呢？

答：首先产品质量一定不能出问题，印刷厂领导对于产品质量非常在意，不能给他添麻烦。此外，价格要有优势，要比竞争对手便宜，这样又便宜又好的产品，方便厂长向其他同事推荐。车间主任很关心服务是否及时，印刷时如果发现了问题，响应速度要快，如果车间停下机器一直等着服务人员上门，耽误了生产，车间主任就会非常恼火。车间里的工人对产品倒不是很在乎，只要厂长和车间主任都点头认可，工人就不会反对。工人们要的是尊重，他们处于底层，如果供应商的人员到车间里，自以为搞定了厂长和车间主任，不把工人放在眼里，工人们就会很恼火。我对每个工人都很尊重，跟他们混熟悉了，他们就会在实际操作中多用我的产品。

问到这里，我终于搞明白了她做业务的秘诀：通过坚持不懈的努力，获得市场缝隙，认真研究客户团队中的每一个人，尊重每一个人，努力满足每一个人的需求。不过我心里又产生了新的疑问：客户团队这么多人，如果都"搞定"，那得花多大代价啊？

问：你卖产品的时候，价格就要比竞争对手低，挣不到什么钱，你现在还要把客户团队上上下下都摆平，那得费多少心思，花多少成本啊？

答：刚进入客户供应体系的时候，我们主推一种主流产品，这款主流产品质量好、价格低，我们不赚钱。等双方熟悉了，我们就推介更多产品，把产品组合起来卖，综合起来计算，总价格不一定便宜，跟竞争对手是差不多的，所以利润是正常水平。对于客户关系维护，我们重视每一个人，但不代表在每一个人身上都花成本，比如基层工人，他们并不在乎得到什么好处，在乎的是受到尊重。过去每个供应商来谈业务，几乎都没有正眼看过他们，但我对每位工人都很尊重，经常带一些小礼品，每次见面都会主动打个招呼、聊上几句，我不仅跟客户上层关系好，跟工人们也混成了铁哥们！

访谈到这里，我终于完整搞明白了这位销售高手的秘诀。通过整理发现，她开拓市场的套路可以总结为一套"大客户销售方法"（见图5-2）。

大客户销售方法

1. 通过市场调查、行业资料寻找目标客户,选择优质客户
2. 陌拜,给客户留下初步印象
3. 持续不断地保持联系,低成本维系
4. 通过高品质、低价格的产品,打开市场缝隙,参与到客户的供应商体系中
5. 认真研究客户团队的每一个人,不仅是高层决策者,基层人员也要关注,不能因为工人身处底层就忽视他们,要重视每一个人
6. 不同位置的人员有不同的诉求,我们要理解他们的需求。搞定客户的重点不在于用物质利益收买客户,而是了解他们的关注点,满足他们
7. 通过普遍的客户关系维护,逐步扩大客户市场份额,使得客户的采购量逐步向我方倾斜
8. 获得更大业务量后,进一步加大客户关系投入,稳固关系,并伺机开拓客户的新产品需求,拓展二次销售机会

图 5-2 大客户销售方法

资料来源:作者整理。

这个方法总结出来,就可以成为一种模式,让销售人员学习。当然,如果这个方法要成为销售人员的培训课件,则需要在此基础上丰富教学内容、拓展教学手段,比如增加案例、设置研讨环节等。类似这样的课程,形成"专项提升",就可以让一个入门级的销售人员快速成长。

知识萃取的具体工作方法是:以流程为主轴,聚焦关键节点,系统梳理在特定场景下的有效工作方法,一般分五步开展(见图 5-3)。

| 流程 | 场景 | 方法 | 原理 | 案例 |

图 5-3　知识萃取的逻辑过程

资料来源：华创教育研究院。

第一步：萃取工作流程。通过访谈，完整厘清一项工作从头到尾的工作流程，建立起对于工作全貌的了解。每个公司对于核心业务流程都有明确规定：什么时候发起、责任人是谁、工作步骤是什么、产出物是什么等。在实际萃取过程中，不可简单照搬公司制度中的流程。虽然制度中的流程是官方规定的，但在快速发展的企业中，制度往往有滞后效应。可能实际情况已经发生改变了，一线操作人员已经采取了新的工作方法，但还没有在制度中反映出来。访谈时，要调研工作流程中所有的参与方，从不同角度了解工作流程的真实路径，把所有路径都梳理出来，标出关键节点。

第二步：列出应用场景。每一个流程节点，在现实中都有多种可能性场景。管理者需要尽量从不同的场景中，归纳出规律，并整合为典型应用场景，这是使工作走向标准化、经验能够被总结的至关重要的一步。比如，销售人员拜访客户，第一次会面，见到的可能是对方的采购部门人员，也可能是技术部门负责人或应用部门的一线工程师。不同的角色，其关心的问题不同，销售人员的话术也应当不同。

第三步：汇总工作方法。由于公司员工背景多元，有的是本行业出身，有的是从其他行业跨界过来的，解决问题的方法更是"八仙过海，各显神通"。但有的方法效果很好，有的方法效果比较差，有的方法失败率很高。那么针对特定场景，应当用何种方法处理？公司可以列举各种工作方法，对比各种方法的优劣势，并推荐最佳方案，作为标准方法在全员推广。

第四步：讲解工作原理。在工程技术领域，特定方法之所以可以产生理想效果，通常是因为它们基于某种科学原理。推荐工作方法之后，再向学员详细说明背后的原理，有利于学员获得深度理解。

第五步：配备实战案例。实战案例能够尽可能还原真实环境，让员工对即将面对的工作场景有所准备。一个真实的案例，其效果远远好于枯燥的文字讲解，通过逼真的场景感，员工能够感受现实的复杂性。实战案例最好是将文字、图表、照片、文件等各方面材料都收集齐全，让学员能够获得全方位信息。

知识萃取是一个比较专业的工作，对于逻辑思维能力、提炼归纳能力要求较高。公司管理者首先要从自我做起，变身为公司的"知识萃取师"，率先做自我萃取。通常情况下，管理者自身就是一名精通业务的高手，在专业技术领域有着丰富的经验，能够在各种疑难场合给予下属技术指导。既然管理者能指导下属，我们就要思考，能否把管理者脑海里的专业技术完整梳理出来，将隐性知识转化为显性知识，从而极大地解放管理者自身，并形成榜样效应，激发更多人参与到知识萃取工作中，推动公司专属知识体系的建设。

复 盘

20多年前，在我读大学期间，有个同宿舍的同学下象棋水平很高，是整个大学的象棋冠军，不少人慕名而来，想要挑战他的冠军位子，但都一一败北而去。我们对他很是钦佩，问他有什么秘诀，他的回答是："我哪里比别人更聪明，只不过经常做复盘而已。"

这是我第一次听到"复盘"的概念。

后来发现，复盘是一名棋手提升棋力的重要方法。通过复盘，棋手可以发现棋路的不同变化，找到更好的棋法，总结新的套路，最终形成自己的独特棋谱，从而实现棋力的提升。

工作之后，我发现不仅下棋博弈需要复盘，做管理也需要复盘。优秀的企业都有一套机制，每次行动之后，要认真回顾一下，这次工作做得成功与否，哪些地方做得好，哪些地方做得不好。认真做复盘的企业与不认真做复盘的企业，会产生很大差别，而且二者的差距会越来越大。

PD 公司[①]在快速充电技术领域有着非常强的技术能力，擅长研发前卫的电池充放电测试设备，很多新能源汽车的研发部门在进行新型号动力电池研发时都会首选 PD 公司的测试设备，但是最近 PD 公司管理层遇到了物料管理方面的难题。按照规定，所有的物料都应首先获得料号，没有料号的物料，采购人员不予采购。这是典型的企业物料管理规定，并无不妥。不过研发部门经常选用新物料，每一款新物料都需要申请一个新料号，要走冗长的行政审批程序，常常因为领导不在而耽误了时间与研发进度，导致客户投诉与领导责备。这样的事情发生了多次，最近一次矛盾尤为突出，其为一家新能源汽车企业研发的 XP22 型号充放电测试设备的物料严重耽误了研发进度，导致研发部门与物料部门的情绪严重对立，甚至闹到了公司领导那里，这让领导很头痛。

于是我组织研发部门与物料部门的负责同志一起坐下来，把 XP22 型号充放电测试设备的物料采购过程复盘了一遍，发现流程确实有问题。通过深入探究，我们找出了问题的根源，

---

① PD 公司为虚构企业名称，不指向特定企业。

这是严格的物料管理程序与研发部门灵活快捷的研发活动之间的矛盾：由于是最前卫的设计思想，没有前路可循，设计工程师需要不断产生创新思路，并尽快找到相关物料进行测试和验证，如果每一项物料都走一遍新物料申请程序，物料部门将不胜其烦（需要测试的新部件太多了，而且辛辛苦苦走完一遍程序，如果测试完了发现不能用，料号就废了，又要重新申请下一个新部件料号），研发部门也在焦躁的等待中满腹牢骚。实际上，现有的严格的物料管理体系，是为适应大规模生产而建立的，不适合小巧灵活的应用场景。找到问题根源后，我们一起商定了解决办法：为研发部门的物料建立独立快捷的物料管理体系，从临时料号审批到采购、入库、出库、核销，都单独管理。研发物料体系强调反应速度，有比较大的容错范围。如果出现账实不符，只要在一定金额范围内，都可以算作管理成本。这项新措施经过一段时间的实践，解决了困扰公司已久的问题，公司物料管理部门不再承担那么大的责任和压力，研发部门的反应速度也大大提升了。

通过复盘，深入探究问题的根源，不仅可以找出解决问题的方法，也可以找到优秀的创新做法，并固化下来，推广到更多应用场合。一般来说，复盘工作是按照以下步骤逐步展开的：

» 回顾工作目标（目标是衡量行动有效性的准绳）。
» 重温过程（整个过程是怎样的，关键行动有哪些，哪些任务按计划进行，哪些任务没有按计划进行，原因是什么）。
» 总结哪些方面做得成功（详细记录成功的方法、原因和经验）。
» 反思哪些方面做得失败（为什么失败，有何教训）。
» 探讨下次应当如何做。
» 把有价值的内容整理出来，固化、推广。

复盘过程一定不要做成"绩效评估会"（力求全面、客观地还原工作过程，而不对具体工作做评价），更不能以此作为绩效考核的标准。对于细节的复原是非常重要的，很多企业的复盘工作成效不大，大多缺乏细节，导致研讨的深度有限，复盘变成了过场。公司要建立复盘文化，首先要建立"过程记录"习惯：项目启动会的内容有哪些，计划的工作进度如何，分工是怎样的，工作节点有哪些，每一项节点是否按计划完成，出了哪些意外，原因是什么，等等。执行项目的过程，就是准备一份复盘PPT（演示文稿）的过程，文件、邮件、照片、对话都要保存下来。当项目执行结束时，复盘PPT也准备好了，稍加整理就可以开展回顾和研讨。当我们开会进行复盘时，用图文并茂的形式，把每个节点发生的事情一一呈现出来，这样的复盘才是有价值的。

对于总结出来的经验与教训，特别是执行过程中发现的问题，要深度探寻其根本原因，只有找到了根源，此类问题才能够得到真正解决，否则始终处于"扬汤止沸"的状态，看起来很忙，在不断解决问题，实际上不仅没有找到并解决根本问题，还会不断冒出新问题。最著名的深度原因追问方法，莫过于"丰田五问法"。丰田汽车公司前副社长大野耐一在其著作《丰田生产方式》中讲道，丰田公司在探求问题原因时会反复问"为什么"。比如一个机器停机的场景：

① "为什么机器停了？"

"因为超负荷，保险丝断了。"

② "为什么超负荷呢？"

"因为轴承部分的润滑不够。"

③ "为什么润滑不够？"

"因为润滑泵吸不上油来。"

④ "为什么吸不上油来呢？"

"因为油泵轴磨损，松动了。"

⑤ "为什么磨损了呢？"

"因为没有安装过滤器，混进了铁屑。"

通过反复追问，机器停机的根本性问题找到了：加工过程中没有及时清理铁屑，以及油泵轴部位缺乏防护装置。于是改进措施为：规定工人及时清理铁屑，为油泵轴加装防护装置。这就避免了简单更换保险丝之后，机器继续停机的可能性。这种反复追问的态度，可以查明事情的因果关系或者隐藏在背后的"真正的原因"（How）。当然，问"为什么"不一定是问5个，可能是3个，也可能是7个，关键不在于问几个，而在于不断地对过程答案进行追问，直至找到根源答案。

在复盘过程中"反复追问"，不仅能用于复盘，还可以帮助每位员工培养良好的思维习惯，使他们在遇到问题时不是简单处理，而是深度思考。

复盘之后，最重要的结果是要形成文本，将经验与教训进行固化，补充进公司知识体系，以课程、规章制度、操作手册等形式呈现在公司员工面前，不断迭代，不断更新，不断学习，形成活循环。

实战导向的知识结构

通过萃取与复盘，以及多种渠道的知识获取，我们可以获得大量的知识内容。那么，这些内容如何应用呢？

一些公司的做法是，将公司自己编写的知识，以及从第三方平台购买的教学短视频，放置在学习平台上，让员工自行学习。这种效果是非常差的。

知识内容的简单叠加，缺乏逻辑的知识体系，使员工的获得感不高，难以推广。即便公司的人力资源部门采取高压监管措施，监督员工的学习行为，也很难得到员工和业务部门的积极响应，往往热闹一段时间后，学习平台就荒废了，毕竟"猫和老鼠"的游戏做久了大家都很累。

辛辛苦苦构建的知识体系要产生价值，必须与业务部门的实际需求结合起来，能够为业务需求提供实实在在的支持。这样的知识体系，不仅员工愿意学，而且部门负责人愿意主动承担管理责任，执行效果会大大提升。

在公司内部，通常存在四个层级的人才：职场新人、初级人才、中级人才、高级人才。职场新人是刚入职的职场小白，有相关专业理论基础，但缺乏工作经验，对公司的情况也不了解。初级人才的基本标志是能够可靠地从事初级工作，承担一些辅助性工作，为其他同事打打下手。中级人才可以独立完成常见场景下的工作任务。高级人才则能够应对复杂场景，对于没有见过的客户需求，也能够用创新方法完成。

职能部门的期望是高级人才越多越好，但指望员工自学成才，或者在实践中摸爬滚打自己成长为高级人才，成效是相当缓慢的。这时候，知识体系就可以起到引导员工逐级成长的作用。

初级课程

教学内容的设计是为职场小白赋能，帮助其成长为初级人才。这部分教学内容可以包括以下几个方面。

一是工作原理。科技企业的产品及解决方案都有一定的独特性，这种独特性基于何种原理，公司如何形成核心能力，这些作为入门级的知识，应首先让学员了解和学习。

二是规则与标准。几乎所有企业交付的产品或解决方案，都是需要符合特定标准的，视甲方情况而定，各家企业都有自己的偏好。专业人员在开展工作之前，首先要了解行业标准、企业标准，特别是不同甲方企业可能采取不同的标准，避免一开始就犯错。除了甲方的技术标准之外，企业自身也会有一些特定规则。例如，同臣环保（以叠螺机为特色的环保设备公司）董事长张文标发现，公司技术人员做产品设计时，对于螺栓选用过于多样化，一套方案里采用的螺栓超过35种规格（不同部位需要的力学强度不同，选用的螺栓标号也不同），给采购、仓储、生产、安装带来一系列问题。虽然设计人员的出发点是为公司省钱，但实际抬高了运营成本，于是公司统一规定，全部选用最好质量的螺栓，从表面上看，物料成本上升了，但实际上综合成本下降不少。这就是典型的公司自有规则，是在长期实践中形成的特定要求。新入职的技术人员，开展具体工作之前，需要学习本公司交付体系的技术标准与规则，保证在辅助性工作中不出现低级错误。

三是基本技术工具。为交付订单而需要用到的工具与软件，是新入职员工的必修课程，只有在同一工具体系中开展工作，其工作成果才能够与其他同事进行衔接和匹配。

中级课程

教学内容的设计是为初级人才赋能，将其从一名从事辅助工作的初级人才培养为能够独立完成工作任务的中级人才，学习内容按照业务复杂程度逐步提升。

一是熟悉零部件。学员需要熟练掌握公司解决方案中常用的各种零部件，包括其性能、指标、规格等。

二是功能模块。一个完整的解决方案，通常由若干个功能模块组成。学员不仅要了解各模块由哪些零部件组成、完成什么功能等相关知识，还要能够出图纸。

三是常见解决方案。每家企业都有主流产品、常规解决方案，根据客户需求场景的变化，灵活组合功能模块。学员要熟悉常见的客户需求、公司常规解决方案，并有能力根据实际需求情况，独立完成常规订单任务的交付。

高级课程

旨在训练学员能够用创新思维解决客户的特殊场景需求。在这部分内容中，公司向学员展示大量的实践案例：客户多种多样的复杂需求在现实中是如何被满足的；落地过程中有哪些挑战，是如何解决的。真实的案例可以令学员得到启发、触类旁通。

知识有价

构建企业知识体系的生力军是公司的核心骨干队伍，包括公司高层管理人员、部门负责人、高级业务主管等。这是一个艰难抉择，因为这部分人员往往是最繁忙的，承担着公司最主要的运营工作。要让他们在繁忙的工作之余进行知识萃取，是颇具挑战性的。

为了成功打造企业知识体系，首先要做到高层示范。公司CEO要重视知识萃取、课程开发，并亲自带头讲课。领导的示范将起到重要的作用，当中层管理者、基层管理者、资深员工学习了更高水平的技术与管理知识时，就更愿意把自己脑海里的知识与经验贡献出来。

其次，要把建立知识体系工作变成各个部门的专项任务，紧密围绕"如何把初级工程师变成中级工程师""如何把中级工程师变成柔性人才""如何让柔性人才走向管理岗位"等主题展开，选定主题之后细化场景，并分工编写。建立知识体系的初期，公司领导要给予高度关注，紧盯进度，亲自验收，集中精力形成阶段性成果。

公司要认识到：知识贡献也是价值创造的一种形式，对知识贡献者要给予鼓励。对知识贡献者而言，花费额外的时间做知识整理，一方面意味着牺牲宝贵的业余时间，放弃陪伴家人的机会，做自己不擅长的知识萃取工作；另一方面，把自己累积多年的知识与经验贡献出来，一部分业务骨干会心存顾虑，担心自己失去了独一无二的角色。对此，公司一方面要加以引导，让核心骨干人员认识到建立知识体系的重要性；另一方面要大张旗鼓地树立优秀榜样，并公开进行奖励。

打造知识体系的重要原则是：多多奖励，正向引导。如果一个员工工作没做好，你可以批评他，但你不能因为他没有把自己的知识萃取出来，就要惩罚他。所以，一定要激发员工的主动性，让其发自内心地愿意提炼和分享他的知识，而不是通过强制手段。知识赋能强调的是奖励，而不是惩罚。对此，恩太设备公司[①]有很好的实践案例。

恩太设备公司的核心业务是喷丸机、抛丸机、喷砂机等表面处理设备的研发与生产，主要客户涉及汽车、航空、风电、石油、火车、船舶等领域，获"国家级高新技术企业""上海市专精特新企业"等荣誉称号。董事长葛一波非常重视人才培养，并且身体力行地推行公司知识体系建设。为了鼓励公司业务骨干积极贡献宝贵经验，恩太设备公司设置了奖励体系。

一是知识贡献奖。只要员工有知识贡献，就给予奖励。知识贡献的形式可以是文本材料，如 Word 文档、PPT 文件，也可以是视频材料。只要知识贡献者提交的内容有助于公司员工能力的提升，都列入奖励范围。

二是课酬。鼓励知识贡献者面向全体公司分享自己的知识

[①] 公司全称为上海恩太设备技术有限公司，是华创"团队赋能高级管理课程"第 16 期学员企业，专业从事喷抛丸设备的生产与服务。

发现，开设相关课程，课程内容关乎核心产品的技术改进、工艺技巧、安装技巧、维修技巧等。

三是知识产权奖。所有知识贡献者的文档材料或视频材料都会放入公司知识共享平台（机密内容除外），供公司各部门员工学习。公司给每位员工设定了每年上千元的学习经费。知识内容每调用学习一次，知识贡献者可以获得相应的知识产权收益。

此外，为了调动业务骨干的积极性，还可以将知识体系建设与干部提拔工作结合起来。对于工作中善于发现、善于分享的业务骨干，公司提拔干部时给予优先考虑。这符合我们实践中的发现，一名优秀干部不仅能做好本职工作，还能够把优秀做法萃取出来，变成经验推广给全体员工。在知识传播过程中，他还会使用很好的技巧，使他的员工乐意去接受他的知识，因此，他一定会把团队带领得很成功。所以，并不是某个人会写PPT、能说会道就能被提拔，而是在知识萃取、知识分享的过程中，公司能发现这个人的思维方式、归纳总结能力、沟通能力均达到较高水平，符合公司对于干部任用的要求。

第六章
用流水线方式制造人才

在充满变化的市场环境中,柔性人才给组织带来的弹性及韧性是非常可贵的,这意味着企业可以在规模、效率、品质等方面赢得最佳平衡。可以说,谁掌握了柔性人才的制造方法,谁就可以赢得市场先机,赢得面向未来的竞争。本书独具特色的"柔性人才培养七步法",通过人才流水线方式,能快速打造企业需要的柔性人才。

董事长的无奈

秋天来了,整个城市开始变得五彩斑斓,有着40年树龄的梧桐树简直是城市的瑰宝,一阵秋风吹来,金黄的叶子随风飘落,宛如大自然在墨青色的柏油马路上涂抹出了一幅美丽画卷。身处办公楼20层的HY科技董事长万总看着窗外的美景,努力想让自己焦虑的心情放松一些。就在几分钟前,区域销售总监汇报了一个坏消息。[①]

"万总,技术部又要掉链子了!给武汉项目交期据说要再次延误,我们简直都无法面对客户了!"电话里,华中区销售

---

① HY科技为虚构企业名称,不指向特定企业。

总监无法掩饰自己的情绪，简直要跳起来了。虽然没有见面，但万总能够想象销售总监此刻的愤怒。他想尽办法安抚了销售总监，答应尽快给他一个答复。

万总首先平复了一下心情，他知道技术部的问题由来已久。HY科技是一家专注于船用雷达的高新技术企业，这个领域专业性很强，技术人才很难招，需要长期的项目经验，才能培养出一个独当一面的技术骨干。随着HY科技的知名度在行业中快速提升，公司技术骨干也成为业内挖角对象，公司早期培养的几个技术骨干，近年陆陆续续都被竞争对手以三倍工资挖走了。当技术总监向万总求助时，万总也没有太好的办法。他只能寄希望于通过猎头公司从别的公司挖人，但行业里的人才供应量本身就很小，根本找不到合适人选。没办法，万总只能给技术部增加人员编制，希望以量取胜。万总还没有来得及详细了解新的技术人员到岗后表现到底怎么样，他只能把技术总监叫过来。

"听销售总监说，武汉项目又要推迟了。上次不是已经延迟过一次吗？怎么搞的？"万总本想发火，但还是尽量压制住了心中的不快，毕竟在这个节骨眼儿上，如果技术总监被他惹火了甩手不干，他也很难收场。

"实在没有办法，新来的技术人员上手没有那么快，只能做一些基础工作。技术部虽然有 15 个人，但现在关键性工作都积压在 3 名业务骨干手上，他们天天加班，这段时间他们都是半夜 12 点才到家。"技术总监无奈地回答。

"那十几个人一点忙都帮不上吗？"万总不相信。

"不能简单地说一点忙都帮不上，主要的问题是不可靠。新人由于缺乏项目经验，遇到问题就停下来问，技术骨干给他们讲明白了，结果他们做出来还是错的，"技术总监回答道，"资深技术人员不仅要花时间指导新员工，还要帮他们修改各种错误，导致花费的时间更多了，那还不如自己直接干。"

"这又导致了更进一步的问题：新员工缺乏上手机会，依然无法独立工作，所以技术部的员工忙的忙死、闲的闲死。"技术总监补充道。

"你们不会培训他们吗？"万总反问道，"不是早就跟你们技术部说，要建立培训体系吗？"

"万总你也看到了，从年初开始技术骨干就不断被挖走，几乎所有的活儿都压在这几个人身上，哪里还有精力编写教材啊！"技术总监觉得很委屈。

"那十几个人没什么用处的话，留着干吗？赶紧辞退了吧！"万总脑海里浮现出技术部员工忙的忙死、闲的闲死的场景，怒火中烧。

"技术部总归是需要新人慢慢成长的，这些人花费了三个多月才招聘过来，都是精挑细选的，如果辞退了，再招人可就不容易了。再说，如果只留这几个业务骨干，万一再有人被挖走，技术部就彻底瘫痪了。"

万总一时语塞，他张了张嘴，最终什么话也没说出来。于是他挥了挥手："行了，知道了，你尽快把武汉项目交付了吧。"

董事长万总的无奈，映射出了科技企业的现状：企业处于快速发展轨道时，业务量都压向少数业务骨干，这些业务骨干都是独当一面的技术多面手，既能理解客户需求，又对跨领域技术比较了解；但这也形成公司过于依赖少数几个人的局面，导致公司难以继续发展壮大。

细细分析下来，原因有两个。一是专业人才的市场供应量不足。虽然中国每年有大量理工科毕业生，但是科技企业需要的是细分领域的资深专业人才，这些人需要在特定专业领域里深耕多年，了解行业技术趋势，熟悉客户需求，知晓工程技术中的关键技巧，这样的人才的市场供应量是非常少的。二是优秀的业务骨干是被定向挖角的对象。由于专业人才的市场可获得性很低，领军企业的业务骨干就成为被猎取的对象。竞争对手为了快速追赶，往往愿意付出2~3倍工资的代价，对于业务骨干来说，这往往是难以抵御的诱惑。为数不多的业务骨干在行业内被挖来挖去，最后心态失衡，也无法再用了。

企业的人才队伍，需要自己花力气培养。但企业老板普遍不愿意花时间培养员工，一个显而易见的理由是：培养人才太慢，而且培养出来后很可能会跳槽到竞争对手那里去，费时费力，最终为竞争对手培养人才，实在是吃力不讨好的事情。但这样做的后果也是显而易见的：科技企业没有培养人才的能力，将深深陷入"订单越来越好接，交付越来越困难"的境地，企业发展日益受到人才供应短缺的掣肘。

人才难觅是长期趋势

创新创业大时代，科技企业面临着历史上难得的发展机遇，但是劳动力供应越来越不乐观。

一是新生儿数量的逐年下降，使得劳动力总体供应越来越紧张。如表6-1所示，1990年出生的新生儿数量为2 408万，2000年新生儿数量为1 778万，以新生劳动力22岁进入职场计算，2022年新生职场劳动力供应量比2012年整整减少了1/4。随着时间的推移，新生职场劳动力会减少一半以上（2020年新生儿数量不到1990年的一半，且新生儿数量的减少趋势没有改变)。

表6-1 1990—2020年中国人口变化情况

年份	人口数量（万）	出生率（%）	新生儿数量（万）
1990	114 333	2.106	2 408
1995	121 121	1.712	2 074
2000	126 743	1.403	1 778
2005	130 756	1.240	1 621
2010	134 091	1.190	1 596
2015	138 326	1.199	1 659
2020	141 212	0.852	1 203

资料来源：《中国统计年鉴2021》。

二是自由职业分化了大量劳动力。随着新兴经济的发展，网红直播、电商、网约车、外卖、快递、房产中介等领域由于工作自由度较高，吸引了大批年轻人。一部分年轻人不愿意去公司按部就班地工作，更愿意享受自己主动掌控工作节奏的感觉。

三是随着科技企业总量的增加，每个企业对人才的需求数量也在增加。以HY科技为例：2014年公司成立的时候只有8人，由于其是高新科技企业，地方政府非常重视，在资金、人才资助方面都提供了良好的服务，公司一路顺利发展；到了2021年，公司人数就扩张到了120人，因公司扩张而增加的100多名员工，都是拥有本科、硕士学历的高素质劳动力。总体上看，科技企业的成长会导致对高素质劳动力的需求倍速增长。

以上三项因素叠加起来，使企业在员工获取方面遭遇了越来越大的挑战，几乎所有的企业家都深切感受到，企业在高、中、低端的人员获取方面都面临着巨大挑战，倍感不易。

当市场越来越缺少劳动力的时候，企业还指望从外部得到高素质劳动力，人来了就能干活，但这个概率越来越低。在这样的背景下，企业制造人才的能力，将逐渐成为科技企业的核心竞争能力之一。

企业构建人才培育体系将成为必然趋势。有能力培育人才的企业，会在劳动力市场优先挑选出高潜力员工，对其进行培训后，使其成为独当一面的人才；没有人才培育能力的企业，只能去市场上挖人，不仅成本高，而且人员非常不稳定。

企业需要什么样的人才

"21世纪什么最贵？人才！" 2004年冯小刚导演的电影《天下无贼》中，当老贼黎叔口里说出这句话的时候，观众颇感讽刺，不禁哈哈大笑。时隔近20年，这句话反而成为流传广泛的一句名言，因为它道出了几乎所有企业家的心声。企业为了实现快速发展，迫切需要人才。但现实中，历经各种努力获取人才的企业家依然面临困境，很多人并没有搞清楚一个问题：企业到底需要什么样的人才？

企业用人有个误区：片面看重经验与学历，人才管理始终处于粗放状态。公司 CEO 有一个逻辑：只要我给的钱足够多，就一定能吸引来人才。事实上，"插着翅膀飞过来的不一定是天使，也可能是鸟人"，缺乏对人才的精确画像，导致招聘主要看背景，面试主要依赖感觉，招聘准确度很低。公司 CEO 把人才管理工作交给人力部门，缺人了就安排人力部门加大招聘力度，员工入职了对其充满期待，赶紧压任务；任务完成不好就将其淘汰，然后继续招聘，最后发现人力也不行，连人都招不来，干脆把人力也淘汰掉……公司始终处于恶性循环状态。

公司到底需要什么样的人才？从最终目标上看，企业对人才的需求归根结底是为了满足产品的交付需要。为了达到这一目标，员工需要具备以下六大维度的能力。

一是专业技术能力。人才在某专业领域里的能力较强，对于客户需求的变化能够用技术解决方案从容应对。

二是商业意识。人才应当了解行业、了解市场、了解客户，只有熟悉商业规则的人，才能够交付符合市场需要的结果。

三是沟通能力。人才能够清晰表达自我，能与不同性格的人沟通良好，并积极化解工作中的冲突，协调不同岗位的人为了同一目标开展工作。

四是达成结果的能力。对于工作中的困难，不找借口，不等、靠、要，而是积极主动创新思路、寻求解决方案。

五是团队意识。认同组织，与其他同事协同为客户创造价值。

六是成长性。有很强的事业心，学习欲望强烈，不断给自己设定更高目标，有清晰的自我发展路径。

现实中，入职即拥有上述能力的员工只占一小部分，而且获取代价高昂。劳动力市场上能够提供的劳动力，或多或少有着这样或那样的短板。企业的任务是建立人才流水线，将不完美的员工转化为公司需要的人才。

理想状态下，我们对于人才要求的维度越多越好。但现实中完美的人很难找到，即便劳动力市场上存在理想人才，也未必到你们公司来。企业对完美素质的要求听起来很有道理，但操作时却没有实际意义；就好比《红楼梦》里宝钗服用的冷香丸，要用"春天开的白牡丹花蕊，夏天开的白荷花蕊，秋天的白芙蓉花蕊，冬天的白梅花蕊，于次年春分这日晒干，用雨水这日的雨水，白露这日的露水，霜降这日的霜，小雪这日的雪"配置而成，如果有一样药材当年错过了，要等一年再去配置，这样苛刻的条件，实现起来困难很大。企业需要的是人才体系，保证有源源不断的人才供应。对于人才的要求过多，则供应量会显得太少，人才供应就难以形成体系，耽误公司发展。实际上，员工的有些能力是可以通过企业培训提升上来的，在聘用时则可以降低要求，以增加人才供应量，员工入职后再通过公司培训达到工作要求。

人才培养困境

富有远见的企业家深谙人才之重要性，努力推动人才的培养工作，然而现实中，人才培养工作常常费时费力，却效果甚微。

在绝大部分公司里，人才培养都是人力资源部当仁不让的职能之一，老板会把人才培养任务交给人力资源部门，委托相关人力经理来负责。有了总裁授权，人力经理往往信心百倍，发起了一番培训活动，列出了课表，请来了师资，号令各部门必须认真配合，严格执行上课考勤制度，确保学员不迟到早退。在工作汇报会上，人力经理会充满激情地报告工作业绩，例如，"上个月我们一共组织了10场培训，总参加人数为350人次，总参训小时数为1 500小时，学员满意度为95%，考试合格率为100%"。公司领导听后满心欢喜，仿佛看见了公司业绩水平即将稳步上升。

遗憾的是，几个月过后，学员上课时被点燃的激情会烟消云散，公司并没有什么变化。在这个过程中，钱被实实在在地花掉了，员工也都老老实实地坐在教室里上过课了，但是公司业绩水平却没有任何改变。最终，员工抱怨浪费了时间，干部抱怨耽误了工作，人力资源部门感到无比委屈，产生了严重的挫败感，使得培训工作很难持续下去。

为什么会这样呢？究其原因，有以下几点。

首先，人才培养是个系统工程，不可将工作简单化。知识培训是培养人才的工作内容之一，或者说是其中一个环节，并非全部。要培养一个高潜力人才，公司领导、部门管理者、人力资源部门要坐下来一一盘点，至少要了解三个方面的内容：一是人才当前的能力情况，二是我们期待人才达到的目标能力，三是培养方法。好比我们要到达一个目的地，首先要知道我们现在位于哪里，目标在哪里，然后选定最佳路线。对于每个部门的人才，都要如此梳理一遍，培训方法也可能不尽相同，会应用到人才测评、授课、个性化辅导等多种培养方法。同时，人才盘点和培养还需要人力资源部门、业务部门之间的通力配合，以及上级的关注、管理层的精力投入，而非简单地让员工参加一系列课程。

其次，责任角色错位。很多公司里，无论是公司管理层还是人力资源部门自身，都认为培养人才是人力资源部门的主责，这种理念并不正确。培养人才，最终目的是为业务部门服务。团队里有哪些人值得培养，业务部门需要何种能力结构的人，这些问题业务部门领导最清楚。要想培训达到预期效果，内容设计必须与学员实际需求相匹配。通用素质类课程，可以由人力资源部门牵头负责，而专业类课程（如专业技术、销售技巧、质量管理、采购管理、生产管理等），应当由业务部门负责人总负责、人力资源部门辅助配合，因为人力经理不可能比业务部门负责人更了解该部门需要何种内容。完成课程培养之后，还需要让学员在实践中成长，需要安排其参与一些实战项目，并且有老员工带领。可以说，如果业务部门负责人没有承担起人才培养主责，单靠人力资源部门推动，人才培养工程就一定会失败。

最后，内容与实战脱节。公司内部管理者对于人才的重视常常流于口头表示，不愿意花时间与精力，把所有人才培育工作一股脑都推给人力资源部门。实际上，除非人力经理在公司工作多年，且已建立了HRBP（人力资源业务伙伴）思维，否则人力资源部门对于各业务部门的知识需求，很难掌握关键信息，只能依赖外聘培训师提供内容。虽然外聘培训师通常有很好的授课技巧，可以令课堂氛围生动活泼，使学员们快乐地度过培训时光，在课后调研中，学员也会给授课老师一个比较高的评分，但外聘师资大多数讲授的是通用理论，很难涉及真正的实践部分，因为每家公司的实际情况都有很大不同，这就导致课程内容与实战需求之间产生了脱节。这个差距的补齐，如果靠学员自己去慢慢摸索，将使得个人成长过程变得漫长，且业绩改善迟迟不能体现出来，很可能还没等到培养成功，这个员工就离职了，导致人才培养的努力半途而废。

20多年前，人才培养工程的失败案例，在我身上真实发生过，使我感触尤为深刻。1999年，我所在的集团发起了一项人才培养工程，我当时任职集团计算机公司的中层干部，作为子公司的优秀业务骨干，经推荐及考试，入选"集团总经理级后备干部"，培养期为一年。按照课程表，我每1~2个月会参加一次经营管理课程学习，学习的内容有宏观经济学、管理学、市场营销学等MBA课程。课程形式是北大商学网的远程课程，是由北大MBA课程实况录像后，通过卫星信号传输，效果与现在的直播课类似。我非常认真地参加了整个培养过程，感觉开局很隆重，但过程很平淡，结局是无疾而终。对于学员来说，没有什么收获；对于公司而言，也没有产生什么效果。这就是早期中国企业界对于人才培养的探索。现在回顾下来，如果当时集团管理者再增加两个"动作"，也许结果会完全不同。

第一，邀请公司优秀骨干分享经验。北大商学网的课程质量不错，但是偏理论，我们常常听完一节课后，依然不知道如何将理论与工作实际结合。上课时没办法与老师互动，下课后也没有任何讨论，听完课后带着一系列问号回家，不知道如何应用，而一周后，除了一些印象深刻的案例或者段子外，课程内容大部分都被忘记了，一系列问号始终在脑海中存在，但是得不到解答。实际上，集团经过30多年奋斗，当时已经成为中国家电领域的佼佼者，可以说，之所以能够在竞争异常激烈的彩电市场脱颖而出，是因为集团有一批能征善战的优秀骨干。这些人经验丰富，善于打拼，有很多实战技巧。如果集团能安排这些经验丰富的行家里手，给我们分享经验，就可以有效地帮助我们把理论与实践结合起来，解答我们脑海中的疑惑，把知识转化为能力和业绩，也能让我们有实实在在的收获。

第二，安排公司管理层跟踪面谈。作为子公司的中层干部，我非常愿意通过努力为公司贡献业绩。但我的能力结构有哪些不足，应当注意补齐哪些能力短板，公司整体运营是怎样的，哪些方面需要我主动贡献，这些我一概不知。如果我当时能得到清晰的指导，那么我是非常愿意付出努力，并予以强化和提升的。很可惜，集团人力资源部门的这个培训工程，并没有得到子公司总经理的深度参与，人才培养工程流于形式，最终也就不了了之。

人才不是一个高高在上的概念，而是从部门中来，到部门中去，既能够在工作中独当一面，又可以在价值创造过程做出重要贡献。人才培养工程是"一把手工程"，需要公司"一把手"亲自抓，部门"一把手"亲自主导，人力资源部门全程支持、指导与监督，方可最终提升公司战斗力。

柔性人才培养七步法

军队建设一直存在着两难困境：为了应对大规模战争，需要配备充足的兵员，但充足的兵员平时用不上，且需要消耗大量军费用于人员开支，导致没有足够资金用于军事装备更新换代，影响战斗力；如果削减兵员数量，可以省下钱来用于军事装备升级，以打造一支现代化军队，但兵员数量不足，将无法应对可能到来的大规模战争。

士官制度可以解决上述两难问题。士官是军队中的一线业务骨干，平时无战事则承担战士职责，战争来临军队需要迅速扩充，他们就可以立刻变身基层小队的领导人，带领扩招入伍的新兵完成作战任务。士官制度的具体做法是将义务兵与志愿兵结合起来，义务兵每两年为一个周期，不断轮换，大浪淘沙，以此淘出具有良好军事素质的士兵，保留下来变成志愿兵，即士官，签订长期合同服役，成为军队中的核心力量，这样一个体系，足以使一支常规50万兵员的军队，战时迅速扩充至250万，无论是小型冲突，还是大型战争，都可以灵活应对。

军队的基本建设思想是：不断招新，优胜劣汰，在动态过程中完成兵员置换，在总兵员额度不变的情况下，逐步扩大高素质兵员比例。这是一种充满弹性的建设思想，值得企业借鉴。企业培养柔性人才，实际上是在构建自己的"士官队伍"。柔性人才是一线员工，具备一专多能的技术能力，能够理解客户需求，具备全局思维。订单不多时，他们是执行人员，完成具体的交付任务。如果订单大量增加时，他们就可以带领扩招来的工程师组成工作小组，独立完成任务。

在充满变化的市场环境中，柔性人才给组织带来的这种弹性及韧性是非常可贵的，意味着企业可以在规模、效率、品质等方面赢得最佳平衡。可以说，谁掌握了柔性人才的制造方法，谁可以批量生产柔性人才，谁就可以赢得市场优势，赢得面向未来的竞争。

如何规模化地培养柔性人才呢？我曾经应邀参观一家规模很大的车身制造厂。只见工人从仓库里用叉车把钢卷运到流水线旁，通过大型设备切割、冲压、折弯，几道工序下来，薄薄的钢板就变成了车头、车门，再通过机器人焊接、喷漆、电子配件装配，在流水线的末段，一个崭新的车身就诞生了。这个过程很神奇：原材料运进来的时候还是一卷薄薄的钢板，通过流水线的一系列动作，就变成了价值不菲的车身。

用同样的思维，企业能不能用流水线方式制造柔性人才呢？如果可以实现，企业就可以源源不断地得到人才供应，业务发展就会大大顺畅起来。答案是：可以。实践中，我们设定柔性人才培养内容，按照一套教学流程逐步推进，就可以实现这样的效果，不管员工的来源是校园招聘还是社会招聘，通过人才流水线，都可以快速变成企业需要的柔性人才。下面介绍"柔性人才培养七步法"（见图6-1）。

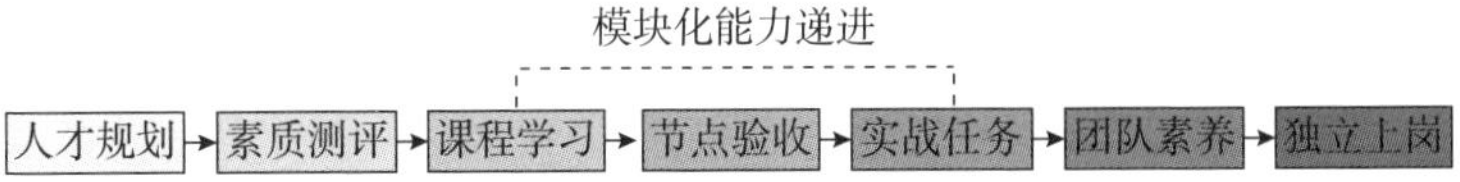

模块化能力递进

人才规划→素质测评→课程学习→节点验收→实战任务→团队素养→独立上岗

图6-1 用流水线的方式制造人才：柔性人才培养七步法

资料来源：华创教育研究院。

人才规划

人才规划是基于公司发展战略，提前对人才需求进行预测性管理的行为。一般来说，公司管理层对于公司发展战略都会进行严肃的讨论，并进一步转化为整个公司的工作计划，配置专门预算，并进行月度或季度考核。

传统的人才规划工作是这样进行的：通过下一年计划销售额，可以估算出未来订单数量；根据订单数量和产品类型，可以估算出工作量；根据工作量，可以预估出人员需求数量。例如，公司有 8 个销售小组、10 个交付小组；销售小组的业绩均值为每年 1 000 万元销售额，交付小组的处理能力为每年价值 800 万元销售额的工作量，那么当公司下达的销售任务提升 50% 时，公司的交付能力需要同步提升 50%，假设小组的平均交付效率没有发生变化，那么公司需要增加 5 个交付小组，很可能意味着公司要提拔 5 名人员至项目经理岗位，并招聘 5 名结构工程师、5 名电气工程师等。

传统的人才规划工作方法以"招聘人员到岗"为交付结果，这种的做法大概率会失败。实际上，职能部门真正的需求是"足够数量的具有独立交付能力的员工"。从这个意义上讲，人才规划工作就不是"战略梳理—人才盘点—人才规划—招聘到岗"这么简单。

为了确保公司有足够数量的合格人才供应，人才规划工作应当包括以下四个方面。

一是人才标准的规划。随着公司发展与战略推进，公司对于"合格人才"的定义在不断演变，即便是老员工，可能也需要将其能力升级到新的标准。"合格人才"蕴含的能力结构，需要与时俱进。在进行人才规划时就要考虑好"未来公司需要什么样的人才"，这样招聘时，才能够更好地确定入职门槛。

二是人才数量的规划。人才规划工作中，"足够数量的合格人才"是交付物，整个人才培养工作是以此为终而倒推出来的。不同的人才供应逻辑，会影响人才数量的规划。一种人才供应逻辑是"保送制"，即业务部门需要多少人，就招聘多少人，人员入职后经过岗前培训再上岗，除非入职人员有明显问题，否则基本都是可以留用的。另一种人才供应逻辑是"淘汰制"，即根据业务部门需要的人数，招聘时会有20%~30%的冗余，培训过程是一个联合淘汰过程（人力资源部门与用人部门联合考核），最后以送到用人部门"足量数量的合格人才"为准。两种不同的人才供应逻辑，会影响最终送达用人部门的人才质量。很明显，第二种人才供应逻辑，即在培养过程中淘汰表现不佳的人员，只有优秀者才能生存，能够有效激发入职人员的学习热情，快速满足岗位要求（见图6-2）。

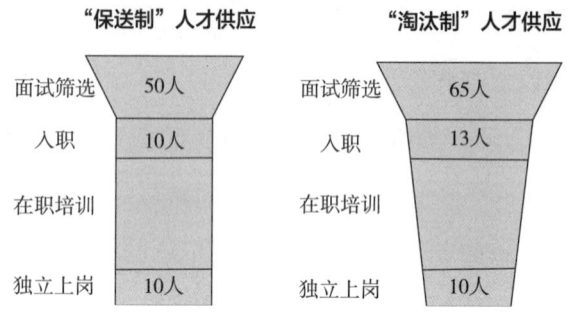

"保送制"人才供应	"淘汰制"人才供应
面试筛选 50人	面试筛选 65人
入职 10人	入职 13人
在职培训	在职培训
独立上岗 10人	独立上岗 10人

图 6-2 人才供应逻辑对比

资料来源：根据公开资料整理。

三是人才培养内容的规划。公司提供怎样的培养内容，才能够得到所需人才？培养内容从哪里来，由谁负责编写？培养方式是什么？这些是公司战略管理层需要决策的内容，单凭人力资源部门是无力协调力量实现的，在人才规划阶段就应当思考清楚，做好分工。

四是培养时间的规划。整个培养工作需要的周期是多久？这将倒推出什么时候需要招聘人员到岗。比如，人才培养需要半年，则相关人员需要提前半年招聘到位。这意味着招聘工作需要比实际岗位需求有足够长的提前量。

以上只是一个极简模型，现实中对人才规划的考量要复杂得多，视企业具体情况而定。

素质测评

安徒生童话中,《丑小鸭》的故事令人印象深刻。鸭妈妈孵出了一只长相特别丑的小鸭,它常常受到其他小鸭子的嘲笑和欺负,大家都认为它不中用。第二年春天,丑小鸭在水中看到了自己的倒影,发现自己是一只可以翱翔蓝天的美丽白天鹅,而身边的小伙伴则是一群只会一摇一摆四处觅食的灰鸭。虽然小鸭子与小天鹅在小时候看起来很像,但 DNA 的不同,注定了即使给予小鸭子再好的营养与训练,它长大后也无法像天鹅一样展翅高飞。

人才培养有着相同的道理,投入同样的资源与精力,如果人才的"DNA"错了,那么再怎么努力也不会有什么效果。

如何挑选出拥有正确"DNA"的员工呢?传统招聘手段凭借员工过往工作经历进行评估,这种方法无法预测未来,经常能看到面试环节表现良好的候选人,其入职后的表现令人大失所望的情况。素质测评则是一种甄别候选人的有效方法。

人的行为模式是由思维模式决定的:思维模式决定行为模式,行为模式决定做事结果。尽管人们很难真正了解一个人的思维模式,却可以通过细致观察来发现人的行为模式,再通过人的行为模式来推测人的思维模式,进而预判出候选人在未来工作中的表现,这就是素质测评的基本原理。所谓素质测评,是基于心理学、管理学和行为学等多方面的知识，通过观察、访谈、测试、测量、模拟、问卷等手段，创造一种场景，对人才进行综合、全面、系统的评测，从而得出其在人格、潜力、智力、能力、态度、兴趣、动机、绩效等方面表现的工具。

素质测评是一项复杂的技术，有很多不同的测评方法：性格测试、能力测试、职业适应性测试等，包括MBTI（迈尔斯－布里格斯类型指标）、DISC（人类行为语言）、九型人格等各种流派。华为、海尔等优秀企业在员工招聘与评价中，都广泛地采用测评技术，取得了很好的效果。但实践经验表明，员工测评并非越复杂越好，也并非越贵越好，机械地应用测评技术，得到的结果可信度并不高，企业需要具有独立的人才观，并开发出相应的测评技术。

某科技公司从事便携式CT（电子计算机断层扫描）产品开发，在医疗器械领域有良好声誉。面对激烈的市场挑战，期望打造柔性组织，于是委托华创教育研究院挑选并培养柔性人才。在进入正式培养环节之前，我们通过调研和素质测评分别对企业和目标学员进行前期诊断，具体实施步骤如下。

第一步：了解组织现状。通过与公司管理层和人力资源负责人沟通，我们了解到：公司前期人才管理工作比较粗放，在公司快速成长过程中，各个部门都是在忙不过来的时候才急着向公司要人，缺乏用人规划，导致招聘时比较匆忙，来不及认真挑选，招聘进来的人良莠不齐。有些候选人面试时感觉不错，但实际工作成果比较差，上进心不足，部门协同意识不强；也有一些有潜力的优秀人员，但经验不足，无论是与客户打交道的能力，还是项目经验，都需要进一步提升。总体来说，各个部门的人员有三类。第一类是业务骨干，技术水平高，工作积极性高，是公司主要依靠的中坚力量。但这类人数量比较少，是公司多年积累下来的为数不多的宝贵资源。第二类是可用人员，他们的工作状态是：可以用，能干活。管理层盯紧一点，其工作质量与工作进度都不错；管理层盯得不紧时，工作质量就不太令人满意。工作能力有，但自驱力比较差，状态不稳定。第三类是潜力人员，年轻、有想法，愿意把工作做好，但资历较浅，需要进一步提升工作能力。

第二步：人才画像。我们对公司 CEO、高管、客户经理与项目经理展开调研，调研主题是：公司期待的柔性人才具有怎样的素质特征。调研结果表明，公司管理层对于柔性人才的期待是：理解客户需求，遇到困难能够主动推动解决，而非把责任推给领导或同事；具有团队精神，关心与同事之间的配合；乐于学习，通过学习不断拓宽视野；自控力好，不情绪化，在困难面前保持乐观，而非抱怨。

第三步：确定测评项目。根据人才画像，我们将测评项目设定为：行动力（达成结果的能力）、上进心、团队精神、客户化思维、创新力、逻辑思维、自控力（含情绪管控）等多个维度。测评目标是找出有培养价值的人员。换句话说，有些人员的特质就决定了其不可培养，就像《丑小鸭》中的灰鸭，如果不具备展翅高飞的 DNA，那么就没有必要在这类人身上投入资源。

第四步：设计测评方法。评估的方法包括客观题、主观题，以及实景模拟，尽量还原被测试人员的思维模式、做事风格，题目设计避免明显的对错偏向，避免产生暗示内容。被测试人员不用努力猜测正确答案，因为没有正确或错误的选项。选项体现出被测试人员的倾向性，并且巧妙地进行交叉验证。测试形式为笔试，员工花 30 分钟完成答卷，然后由专业评估人员进行分数统计。

第五步：开展测评。测评基于自愿原则开展。公司管理层会向员工详细说明培养柔性人才对于公司发展的意义、对于个人成长的价值，鼓励员工积极报名参加，但不会强迫参与。为了防止优秀人员放弃参与的情况，我们会安排管理者提前跟优秀员工进行深度交流，鼓励对方主动报名。

第六步：测评结果反馈。测评结果出来后，测评师首先将结果与上级进行交流反馈，将测评结果与实际工作表现联系起来，交叉验证；然后测评师与被测人员进行一对一面谈，从第三方角度反馈测试结果，解释每个测试项背后的含义。

对于测评结果，该公司CEO及高管的评价是：很准确！测评结果不仅让上级更加了解下级的性格特征、做事风格、思维模式，而且帮助解答了他们心中的一些疑惑。比如，下属甲思维敏捷，上级与之谈话，总是感到很满意，但甲的实际绩效总是比较差。这次在测评结果中找到了答案：甲的做事风格中，"分析"偏好远远超过"行动"偏好。这就导致甲在解决实际问题时，虽然有工作思路，但一直处于分析状态，不停地等待更全面、更完整的信息与条件，迟迟不开展行动。再如，乙在工作中，常常与同事发生争执，同事们感觉跟他合作比较困难，讲不通道理。测评结果显示：乙的逻辑思维得分偏低，对事情的理解经常失之偏颇。测评结果用客观的数据展现出一个人的做事风格，并由此预测其在工作中的行为。测评系统不仅可以帮助管理者更好地了解在职人员，也可以用于筛选新聘员工。

素质测评工作的价值在于能够帮助企业筛选出"有很大概率能够成长为柔性人才的人"，使企业能够下定决心，集中资源培养这批高潜人员。

课程学习

经过测评，企业挑选出具有培养价值的员工，然后开启课程学习阶段。在这一阶段中，"赋能知识体系"就会发挥巨大作用。通过专业化课程的学习，初级人才能够快速地转化为可以独立处理常规工作场景的中级人才。

这个阶段并不容易操作，并非企业把众多知识点放在知识共享平台上，让学员自行学习就能达到目的，而是需要采取一系列措施确保教学效果。

首先是教学大纲的制定。人才培养的成功率与教学大纲高度相关。人才培养的起点是富有潜质的员工，人才培养的终点是能够独立上岗的柔性人才，连接起点与终点的就是教学大纲。教学大纲需要把柔性人才的专业能力进行足够细致的结构化拆分，以方便潜力员工的学习与成长。

尚领医疗[①]是心肺复苏领域的高科技企业，核心产品是3D按压电动心肺复苏机，客户包括3 000多家医院及40多家急救中心，其先进产品挽救了大量危重病人的生命。作为一家发展迅速的研发型企业，公司需要快速培养中级技术人才，以满足医院和急救中心个性化解决方案的需要。为此，公司管理

---

① 公司全称为苏州尚领医疗科技有限公司，是华创"团队赋能高级管理课程"第12期学员企业，从事心肺复苏设备的研发与生产。

柔性组织 | 158

层将中级技术人才的能力结构进行细化,构建教学体系。细分后的能力模块如表6-2所示。

表6-2 尚领医疗中级技术人才能力模块细分

技能\能力级别	1	2	3	4	5	6	7	8	9
心肺复苏设备个性化案例									√
除颤/通气技术结合技能								√	√
心肺复苏监测知识							√	√	√
心肺复苏设备功能模块						√	√	√	√
心肺复苏设备系统原理					√	√	√	√	√
胸泵机制				√	√	√	√	√	√
心泵机制			√	√	√	√	√	√	√
循环血流原理		√	√	√	√	√	√	√	√
胸腔结构知识	√	√	√	√	√	√	√	√	√

资料来源:尚领医疗团队的课堂练习。

从表6-2可以看出,教学内容设计由细分到汇总,由理论到实战,由单领域专业知识到跨领域知识融合,由专业技术到应用场景,尚领医疗的学习体系在现实中有效地发挥了作用,这得益于对能力模块的细致划分。对人才能力模块进行细分,不仅有利于课程内容的准备、教材的编写,也有利于学员的模块化学习。

其次是自主学习。很多公司不愿意搭建培训体系,根本原因是培养一个人耗费的精力非常大,导师要花大量时间教,带着徒弟逐步成长。现代培训技术的发展，可以大大降低培训劳动强度，提升培训效率。操作方法是将知识与经验萃取出来，转化为PPT等文本，进而由资深导师授课讲解，并录制成视频，授课视频可以反复使用。这样导师准备课程的时候宁可多花一点时间，只需认真准备一次课程，后续教学就可以由学员自主学习，随时来随时学。学员的学习进度按照教学计划来，时间可以自己灵活掌握。业务基础较好或者勤奋的学员，可以很快完成教学计划；业务基础较弱或者节奏比较慢的学员，可以一点一点进步。在公司规定的总节奏之下，每位学员可以根据自己的时间、知识吸收情况，设定自己的个性化学习节奏。

学员自主学习的模式，大大解放了导师的时间与精力。过去导师要在繁忙工作之余进行备课、授课，劳动强度非常大。现在导师轻松多了，还可以根据学员的学习吸收情况，不断改进授课内容、案例呈现形式，丰富授课素材，打造精品视频课程，使得教学质量不断提升。

最后是导师鼓励、解惑。在自主学习过程中，来自导师的关怀与指导是非常重要的。如果上级完全放手，让学员自行自主学习，学员可能感受到"被忽视"，在学习过程中也会日益感到泄气。此外，如果在学习过程中，疑惑不能及时得到解答,学员就会感到困惑并放弃学习。所以,为学员指派导师是有必要的。导师大多由经验丰富的业务骨干担任,主要负责关心学员的学习进度,并及时回答学员的问题。这对于学员的能力提升是有必要的,同时,对学员而言,这更是一种强有力的心理支持。关于"师徒制"的详细内容,我们稍后进行专门讲解。

节点验收

虽然我们强调学员学习的自主性,但从管理的角度看,需要使学员在学习过程中保持一种紧张感,不宜拖拖拉拉。这种紧张感,来自学习过程中的节点验收。

节点验收是对学员阶段性学习成果的查验,确保学员的学习过程是紧张而有效的。整个学习过程可以设置三四个验收节点,到了节点就考试,用实战模拟的形式,让学员解决问题,检验学员的实操能力。

华为公司新入职的初级员工通常需要大约6个月才能准备好独立工作,但华为南京研发中心只需不到2个月的时间,这是怎么做到的呢?在华为南京研发中心,新员工被分成5个队,公司给每队分配一个以前版本产品的模块。这些模块已经更改了源代码,添加了错误,而目标是在不到20天的时间内对其进行调试。在这 20 天内，每个团队处于紧张的压力之下，因为这是员工通过试用期审查的关键部分。在这 20 天中，虽然有专家在场，但他们不会主动帮助你，他们只回答问题，提供基本的指导，剩下的就全靠员工自己了。经过这 20 天的实战性检验，新员工基本上不会再犯新人常犯的基本错误。只要员工能够在 20 天内完成模块调试，就说明他们已经系统地掌握了华为的编码标准，因此不用担心他们是否能够开始下一版本的工作。[1]

节点验收的具体做法是将培训目标分解为一个又一个细分目标，细化颗粒度，进行模块化验收。如果学员掌握了每一个模块的能力，那么总训练目标就实现了。

节点验收一般由人力资源部门、用人部门、导师联合执行。

人力资源部门侧重于学习节奏的把控，到了时间节点，就组织验收，察看学员是否按照正常节奏获得能力提升。这种做法可以有效地防止人才培训工作的随意性。专业性人才通常都放在职能部门培养，而职能部门里担任导师的专业人员都有自己的业务工作，在缺乏监督的情况下，他们对于学员的关注度不高，培训节奏随意性强，培训质量难以把控，培训效果比较

---

[1] 参考《知识管理：为业务绩效赋能》，尼克·米尔顿、帕特里克·拉姆，人民邮电出版社。

差。人力资源部门可以通过学习节奏的把控、验收内容的管理，来确保培训质量。

用人部门侧重于检验学员是否具备了解决问题的能力。通常的做法是用人部门拿出工作中的典型场景案例，让学员现场处理，看学员的反应能力，以及是否能够熟练应用软硬件工具、是否可以遵循行业技术标准来解决实际问题。这种检验的价值在于，用人单位可以掌握学员的"可用性"。比如，学员如果已经达到了正确制图水平，则接下来用人部门可以安排实际制图任务；学员如果已经学会了单模块设计，则接下来可以给他安排单模块设计任务。对于用人部门而言，学员在学习过程中就可以逐步承接实际工作任务，不用等到其完成整个学习周期，再安排其接手工作任务。这将大大减少公司在人力资源培训方面的纯粹投入。

导师参与节点验收，可以了解自己辅导的学员真实进步情况。如果多名学员对某一知识点的掌握都不够好，导师就要反思，是不是视频课程里没有讲明白，是不是需要增加更丰富的现场图片、现场视频案例等直观性教学素材。节点验收，不仅验收的是学员的进步情况，也是对导师教学能力的一次检验。

实战任务

节点验收的效果之一,是能够将受训学员为企业创造价值的时间点前置。学员从受训早期就可以接触实战任务。

过去培养一名学员,要先经过完整培训周期,再进行联合验收,通过考试的学员成为正式员工后,才开始承担正式工作任务。这个模式的问题在于,培训周期不可以太长,企业不可能让一名员工长期处于脱产培训状态,这个投资太大了,企业承受不起。但培训时长不足导致的进一步问题是,企业对人才的培养不够充分,人才的能力结构不完整,或者基础不扎实,进入实战状态后,要么容易出错,要么无法真正独立承担任务。

通过节点验收意味着学员具备了特定模块的能力,公司在训练早期就可以把一些实际工作任务交过来,让员工执行。随着节点验收的逐步深入,员工接受的实战任务也越来越复杂,最终达到完全实战标准,即对于一个实际的订单交付任务,学员有能力综合应用相关知识,独立完成。

将课程学习、节点验收、实战任务有机地结合在一起,即"学、考、战"训战合一模式,可以按照能力模块,分批次进行。每一批次的训战过后,学员能力就增长一个段位,最终达到理想状态。"学、考、战"训战合一模式,可以在实战中锻炼学员，有利于学习效果的提升。

团队素养

这部分训练与前面内容有极大的不同。前面都是关于"能力准备"的，这部分是关于"素质准备"的。

柔性人才不仅要有能力独立交付常见的订单任务，还要有能力在一个柔性团队中协同工作。柔性小组是典型的自驱型组织，虽然有柔性经理担任领导，但有效运作主要依靠小组成员的团队精神。由于科技型企业的订单大多涉及多领域技术的融合，因此组员的团队精神直接影响订单的交付效率与交付质量。

在柔性组织中，团队精神绝不是空洞的口号，而是一系列工作习惯的总称，员工在进入柔性小组工作之前，需要进行相关的工作素养训练，包括以下五个方面。

一是主动推动任务进展。首先，被动型员工是绝对不能进入柔性小组的。他们对于团队绩效的破坏性是相当明显的，他们始终等着别人推动，别人推一下他们动一下；他们不主动参加工作会议，不主动沟通工作想法；他们遇到困难就把工作停下来，等上级询问进度时，才说遇到了客观困难；等等。其次，有资格进入柔性小组的学员要具备主动意识。上级指派任务后，学员需要第一时间明确态度。一旦参与，就需要以积极主动的态度投入工作，如参与行动计划的制订，主动了解客户想法，积极了解组长的要求，了解同组队员的工作思路，主动报告工作进度等。

二是行为承诺。柔性小组的每个人都是独立承担重要功能的支柱，不是可有可无的角色，每个人都可以自主决定进度，合理安排自己的时间（可能同时参与几个项目的运作）。成员一旦做出承诺，就需要全力去履行，不能约定好了进度，到了时间节点又以种种理由进行推脱。任何工作任务在实施过程中都会遇到困难，遇到困难后需要成员自己努力去解决，而不能把困难作为没有按时完成任务的理由。

三是善于化解异议。由于是平行沟通，每个人都有权表达自己的观点，那么遇到冲突的观点怎么办呢？在传统组织中，意见冲突比较简单，由上级拍板决策即可。在柔性组织中，成员要学会正确处理异议，做到充分交流、理性表达，以做出大家都认可的最佳决策。如果异议没有得到妥善处理，内部没有做好充分沟通，就会导致有人内心不认可，从而在行动中采取不配合的态度，影响项目质量或进度。

四是边界内行动。在柔性小组里，成员在各自领域内都有很高的自主权，但拥有这种自主权的前提是获得授权。柔性小组的成员需要让整个小组了解自己的工作思路与行动计划，获得批准后再实施工作计划。开展工作过程中的所有变动，都需要上报给柔性经理，并知会整个柔性团队，协商一致后，再开展行动。柔性组织的工作原则：没有意外，凡事有计划、计划有落实、意外有预案、决策有授权。

五是分享信息。作为柔性小组成员，需要全方位地与同组成员分享信息，才能达成"工作融合"而非"工作组合"的效果。比如，多与同事交流技术思路，方便软硬件匹配；及时与同事分享与客户交流后的新发现，有利于团队成员同步做出调整。在柔性小组里，不是一个人在战斗，而是一组人相互配合着在战斗。

这些素质要求，是柔性人才正式上岗前需要建立的工作习惯。通过本环节训练的员工，就可以进入柔性小组正式承担任务了。

人才培养中的师徒制

课程学习过程也是一个知识传递过程，但它是单向的，并不意味着完成课程学习的受训人员就能够独立处理工作，还需要受训人员经历尝试、领悟、验证的过程。好比我们教孩子骑自行车，把自行车的工作原理、骑车方法都传授给他们，并不意味着孩子就会骑自行车了。需要他们跨上车,自己不断尝试、失败、调整、再尝试,直至成功。在这个过程中,始终需要有一个教练关注着他们,在他们快摔倒的时候扶上一把,及时矫正不准确的动作,悉心做出具体动作的指导,这就是一个"传帮带"过程。

企业里广泛采用"师徒制"来落实对后备人才的传帮带。这是一种古老的模式,师父通过口传心授、言传身教,来帮助新员工成长。阿里巴巴在落实师徒制时,将重点放在营造师徒制文化上。师父的角色是"辅助",当徒弟遇到重要工作挑战时,师父紧密关注,及时给予支持与辅导。在团队中,师徒关系一旦确定,师父就有责任帮助徒弟获得成长。师徒制不是拉帮结派、培养心腹,也不是实行小圈子主义,而是向徒弟传递技能。①

通用电气在公司内部也广泛推行"导师制"。对于公司内部富有潜力的人员,公司会给他们配备内部资深的高级经理人担任导师,帮助他们筹划个人职业发展,指导他们工作。学员的成长与导师的辅导能力有重要相关性,并非所有处于高级职位的经理人都能够自然拥有导师资格,公司会选择有良好沟通

---

① 参考《阿里巴巴基本动作:管理者必须修炼的24个基本动作》,王建和、王伟中,中信出版社。

能力、较强管理技巧、较强辅导意愿的高级经理人进入导师队伍，并会对导师提出特定要求，如为被辅导学员制订成长计划、设定研究课题等。

在柔性人才的培养过程中，"师徒制"将发挥重要作用。职能部门是柔性人才的供应基地，承担着从新人入职到独立承担工作任务的各阶段培养工作，新人在成长过程中，师父会全程教学。

"师徒制"成功与否，"师"与"徒"两方面都很重要。

一方面，师父的辅导意愿很重要。论工作能力，很多资深员工都具备当师父的技术水平，但并非人人都适合当师父。如果师父本身带徒弟的意愿不强，将辅导过程视作额外负担，那么对于徒弟的指导就会流于形式，敷衍了事，培养效果就比较差。如果师父的主观意愿强，会主动观察徒弟的能力状态，有意识地将恰当的任务分配给徒弟，让其有机会亲自操作，并实时给予指导，那么徒弟的成长速度就比较快。

另一方面，徒弟的主动性很重要。徒弟应积极寻求指导，而非被动应对。徒弟不能将"师徒制"简单看作工作关系，实际上这是一种"工作关系＋私人关系"的组合，应表现出对师父发自内心的尊重。徒弟不能想当然地认为，师父提供辅导是应该的；师父拿了岗位补贴，就应该给我指导；等等。徒弟应当看到，师父的倾囊所授不仅是其多年实战经验积累的传递，更是一种高尚的奉献。徒弟应当积极主动地与师父互动，构建良好的合作氛围。

根据辅导阶段不同，师父的职责偏重也有所不同。在学员的课程学习阶段，师父的职责偏重"导师"角色，负责回答学员在学习过程中遇到的问题，让学员更好地理解技术和应用场景，并且负责会同人力资源部门完成节点验收；进入"传帮带"阶段后，师父带着学员做项目，在实战中传授经验与技巧，给学员安排的任务由易到难，最终令学员实现能够独立完成任务的目标。

第七章
打造具有全局思维的团队

柔性组织不是岗位的组合，而是岗位的融合。柔性组织成员不仅应具有良好的技能，而且彼此之间的协同应当达到较高水平。这需要员工具备全局思维，而非站在本岗看本岗。全局思维指成员以整个组织利益最大化为导向的深层次系统性思维模式，需要注重四个方面：一是超越个体局限性，站在组织角度，关注价值实现的整体性，确保整体利益的最大化；二是不局限于直接原因，能够全面分析直接影响因素与间接影响因素；三是能够有效分析各类影响因素的关联关系；四是关注内外因素的动态性，避免长远利益被忽视。

失败的撤离行动[①]

2021年7月8日，美国总统拜登听取美国军方和国安官员关于阿富汗撤军情况的简报后，宣布加速撤军行动。而随着美军加速撤离，局势发展远远超乎预期。撤离的混乱场面随着电视转播传输到了全世界，亿万人为这混乱的一幕感到震惊。

美国撤离阿富汗的混乱和仓促，向全世界宣告了这是一场彻底失败的行动。而失败的原因在于，美国军方忽视了关联部门，与政府相关机构、情报系统缺乏协调，与盟友之间缺乏沟

---

① 参考《仓皇且混乱，从军事角度看美国从阿富汗的撤离行动》，澎湃新闻，2021年8月18日；《德国首架执行阿富汗撤离任务的军机仅从喀布尔机场带走7人》，光明网，2021年8月18日。

通，孤立地看待撤离工作，没有制订包含各关联方在内的完整撤离计划，缺乏对事情的全盘考虑，这些因素导致美国撤军阿富汗行动以失败而告终，并且导致美国的国际声望大跌。

系统与关联

孤立地看待事物，以局限视角开展行动，会导致一系列低级错误的产生，这是美国撤离阿富汗行动完全失败的原因。类似的错误并非美国会犯，实际上，由于缺乏系统眼光，企业组织中每天都在上演类似的故事。

例如，公司技术部门的负责人接到订单任务后，根据专业领域划分，分别给机械设计部、电气设计部、软件设计部的人员下达单项任务。如果各个部门的工程师在工作过程中，没有思考自己的工作会对其他岗位工作产生什么影响，如何与其他岗位配合以实现最终设计目标，那么这种孤立的工作思维，就割裂了各单项任务，使得组合出来的结果无法实现预定功能。

如果我们能够意识到，我们生活在一个充满了各种关联的世界中，看起来毫不相关的物体通过各种关系进行连接，彼此相互影响，那么我们在思考问题时，就会从更广阔的视角、更深度的层次去考虑，在应对可能产生的后果时，就会有更加充分的准备。要具备这样的思维，首先需要建立"系统"概念。

我们对系统的定义是：系统是能够产生特定结果的一系列关联性要素构成的整体。系统有三个基本构件：要素、关联、目标结果（见图 7-1）。

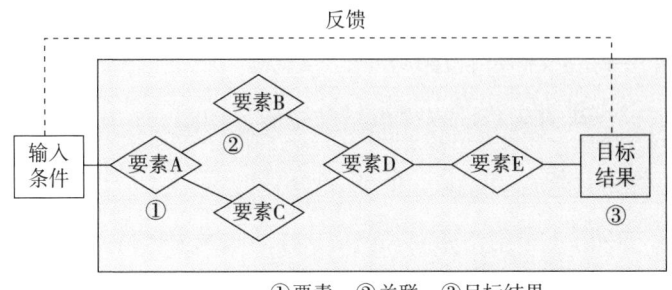

①要素 ②关联 ③目标结果

图 7-1 系统的三个基本构件

资料来源：根据公开资料整理。

系统通常是这样运作的：外部条件输入后，系统开始运作，各要素根据显性或隐性的关联，相互作用，最终产生目标结果。目标结果会反馈到外部条件，并对下一次循环产生影响。

例如，企业可以分为市场、销售、研发、采购、生产、安装等子系统，每个子系统通过公司流程、制度产生关联，各个子系统的联合劳动成果变成产品交付客户。

企业是一个系统，国家是一个系统，家庭是一个系统，我们自己的身体也是一个系统。

系统是有层级的,一个系统可能会包括若干个子系统,而它本身也可能是一个更大系统的一部分。为了更好地研究系统,我们需要化繁为简,抽象出要素、关联,这样才能更好地理解系统,进而掌握系统。

例如,一辆自行车构成一个系统。我们仔细解构一辆自行车,其从前到后的零件包括前轮胎、钢圈、车闸、前挡泥板、车架、铃铛、把手、车座、脚踏板、链条、后挡泥板、后轮胎、钢圈、车闸。如果我们用这样的眼光去看待自行车,那么我们脑中存在的只是一大堆零部件,对其之间的关联一无所知,因而将无法驾驭它。

让我们换个角度。如图7-2所示,一辆自行车可以分为动力、支撑、方向、刹车四大子系统。当我们用脚给脚踏板施加动力后,动力系统驱动前后轮前进;行进过程中,方向、刹车系统将帮助我们控制车辆方向与速度,支撑系统将各子系统连接起来,一辆自行车就这样完美运行起来。如果自行车发生故障了,我们会按照问题与相关子系统的逻辑联系,查找并排除故障。例如,自行车行进不畅时,我们马上会将目光聚焦到动力行进系统,检查轮胎是否被扎孔、钢圈是否正常、气门芯是否完好,逐一排除故障。如果没有这样的逻辑关联,我们将花费数倍功夫才能找出问题症结。

所以,系统并非零部件之和,而是一组要素(子系统)通过关联组成的整体。正如亚里士多德在《形而上学》中指出的:任何由多个部分组成的事物都不只是那些组成部分的简单相加,而是作为一种超过各部分的整体而存在的。意思是"整体大于部分之和"。

图 7-2　用系统性眼光看待自行车,更能从全局驾驭

资料来源:作者整理。

要素(子系统)的内部,可能会有更深一层的要素(子系统)与关联关系。例如,自行车的动力系统包括脚踏板与链条,刹车系统包括刹车把手、刹车线以及车闸等。为了从整体上把控一个系统,我们需要用层级眼光看待要素(子系统)与关联,必要时将进一步分析子系统内部的要素与关联。[①]

[①] 参考《系统之美:决策者的系统思考》,德内拉·梅多斯,浙江人民出版社。

系统的复杂性

现实复杂性在于，有的要素是显性要素，比较容易被观察和感知；有的要素是隐性要素，难以被观察和感知；有的关联是显性关联，要素之间的关系比较容易被关注；而有的关联是隐性关联，要素之间的关系会被忽视。

为了应对老龄化问题，2015 年中国实施全面两孩政策，希望提升新生儿的出生率。2016 年全国新出生婴儿数量为 1 846 万人[①]，短暂的数量上升后，新生儿人口数量逐年下降，2022 年全国新出生婴儿数量下降为 956 万人[②]，降幅高达 48%。为什么生育政策放开后，新生儿数量反而会下降呢？这是由于两孩政策使得房地产公司和房屋拥有者相信未来会有强大的新生力量购买新房，于是房价持续攀升。同时，风险投资公司相信随着新生儿数量的持续稳定增加，未来课外辅导市场也会持续扩大，于是大量资金进入课外辅导市场，导致孩子教育费用急剧攀升。房价与教育成本的迅速上升，超过了年轻人的心理极限，于是大量年轻人选择"躺平"（近年在青年群体中一度非常流行的词语，意为"不再努力拼搏"，用最低成本保证自

---

① 数据来源：《2016 年中国卫生和计划生育事业发展统计公报》。
② 数据来源：《2022 年国民经济和社会发展统计公报》。

己基本生活即可，不结婚不生子），新生儿数量就下降了。显然如果在制定相关政策时，只鼓励青年夫妇生孩子，而忽视了房价、生育成本、养育成本等要素对于青年夫妇生育意愿的影响，那么政策目标将难以实现。

足球队也是一个系统。要素有球员、教练、观众、球场提供方、足球俱乐部管理方、赞助商等。足球队正常运营模式为：足球俱乐部管理方聘请教练，雇用球员，租用足球场地，提供精彩比赛，并通过售票给观众、销售广告位给赞助商获得收益。足球队的目标是赢球，这样可以赢得更多观众以及赞助商的关注，足球队运营可以实现正向循环。

某国G俱乐部拥有雄厚的经济实力、充足的优秀足球队员，以及世界级的优秀教练，但比赛结果从来是输多赢少，有些比赛输得莫名其妙，让人无法理解。为何系统会失效呢？这是因为G俱乐部足球队中存在着大量的隐性关系，具体表现在三个方面。一是教练与球员的隐性关系。由于球员的收入很高，成为主力队员是一件有利可图的事情。如果一位球员的水平比较一般，他可以通过打通教练关系，获得主力球员地位。二是球员与外部的隐性关系。足球比赛拥有大量狂热观众，比赛结果被地下博彩集团用于赌球，一场球赛赌资高达上亿元。G足球队的主力球员被地下博彩集团的人员拉拢，甚至自身也参与赌球，就会故意放水给对方，使得本来自己可以赢的比赛，最终却输给了对方。对方实力太弱时，G足球队球员甚至会踢"乌龙球"，故意将球踢入自家大门。三是足球俱乐部管理方与教练的隐性关系。教练的薪水是非常高的，但并非不可替代。足球俱乐部管理方对于聘请教练拥有完全的决策权。当足球俱乐部管理方的某位权力人物受私人关系所托，希望某位球员踢主力位置时，就会给教练施以暗示，那么教练会被迫就范。这使得球场上的主力阵容并非最佳阵容。

现实的复杂性超出了我们的预期，所以要建立系统思考的能力。企业如果希望实现高效交付，除了制定完整的流程与规章制度，还需要打造具有全局思维的员工队伍，使得大家能够站在整体角度理解自己的工作，理解如何与其他岗位的同事协同，当出现制度与流程中没有规定的场景时，员工之间也能够有效配合。

定义全局思维

全局思维是指成员以整个组织利益最大化为导向的深层次、系统性思维模式。全局思维意味着思考问题时需要重视四个方面的内容。

一是超越个体局限性，站在组织角度，关注价值实现的整体性，确保整体利益的最大化，不能孤立地从自身所处位置出发去思考方案。

二是不局限于直接原因，能够全面分析直接影响因素与间接影响因素，并能深入子系统分析问题与成因，考虑问题有深度。

三是能够有效分析各类影响因素的关联关系，比如显性相关、隐性相关、正相关、负相关、强相关、弱相关等。

四是关注内外因素的动态性，避免长远利益被忽视。不同发展阶段的影响因素与外界条件都不一样，当前的最优解未必是未来的最优解。

美军撤离阿富汗的失败行为，就是典型的"非全局思维"导致的结果。责任部门把"美军撤离阿富汗"简单等同于"把美军撤走"，忽视了美军、侨民、盟友、当地合作伙伴等关联因素，没有从整体考虑撤军计划。[①]

企业管理中，干部与员工缺乏全局思维是件非常让人头疼的事情，常常导致低级错误频发、执行不畅等问题。如果说，美军撤离阿富汗，是缺乏全局思维导致了美国国际形象受损，

---

① 参考《驻阿富汗美军趁夜悄悄撤离大本营，几小时后才被发现》，《环球时报》，2021年7月7日。

那么企业中干部与员工缺乏全局思维将给公司造成实实在在的经济损失。更让人触目惊心的是，这种现象普遍存在，成为企业低效运行的重要原因之一，企业家因缺乏合适的应对方法而显得束手无策。

理解价值链

要让员工以全局思维正确开展行动，首先需要员工准确理解"价值链"的概念。

"价值链"一词是1985年哈佛商学院迈克尔·波特在其著作《竞争优势》中首次提出的："每一个企业都是设计、生产、营销、交付和支持产品一系列活动的集合。"企业在创造价值的过程中，主要实施两类活动：一类是主要活动，包括市场营销、销售、售前方案、技术研发、采购、生产、安装调试等；另一类是辅助活动，包括信息化、财务、人力资源等，辅助活动为主要活动提供支持。企业的基本战略目标是通过为客户提供价值（产品或服务），获取回报（见图7-3）。

迈克尔·波特指出，虽然价值活动是企业独特竞争优势的基本组成要素，但价值链并非独立活动的集合，而是这些看似独立的活动所构成的一个系统，包括价值活动与关联。

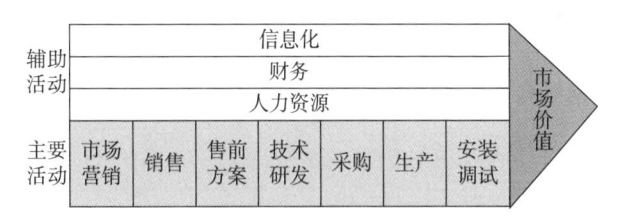

图 7-3 迈克尔·波特的价值链模型

资料来源：《竞争优势》，迈克尔·波特著。

价值活动是比较容易理解的，它显性存在于企业的日常运营中，每个员工都是忙忙碌碌的，他们分别从事市场营销、销售、售前方案设计、技术研发、采购、生产、安装调试、人力资源、行政、财务等工作。关联是隐性的，很多情况下它不是一种活动，而是价值活动之间的相互影响，往往容易被人忽视。

关联是不同价值活动之间的联系，它反映了为了整体的成功所进行的价值活动之间的权衡。关联在企业内普遍存在，主要有以下四种情形。

一是研发部的工作会影响采购部的绩效。当研发工程师做产品设计时，会决定用哪些零部件。这些零部件在市场上是否常见，供应商是否有常备货，都直接影响采购人员的绩效——采购成本和采购周期。

二是采购部工作会影响生产部的进度。采购人员对供应商的管理是否到位，体现在供应商能否按时交货，零部件质量是否过关，这又进一步影响生产部能否按计划生产出高质量产品。

三是质量人员的敬业程度会影响现场安装调试工程师的工作量。原材料入库质量检测能够提前排除不合格的零部件，发货前的产品质量检测能够降低安装调试现场的故障率，质量人员如果为了省事，采用比例较低的抽检方式，就会有一些不合格产品被发送至客户现场，导致现场安装工程师的工作量增加。

四是采购部的工作方法能够影响财务部的现金流情况。如果采购部能够实现多批次、小批量采购，就能降低公司材料库存、提高资金使用效率、改善现金流状况等，财务部的压力将大大减轻。

关联可以从两个方面来提升价值链效率：优化和协调。例如，更加完善的产品功能设计、更高规格的元器件选用可以提升产品品质、大大降低售后服务成本。某种程度上，这意味着某些部门通过自我牺牲——如可能引来上级质疑的更高部门成本——来提升另一个部门的业绩，从而提升公司整体竞争优势。现实中，这种自我牺牲对于部门负责人而言是非常大的挑战。

识别并管理关联非常困难。本质上，关联失效是价值链被专业化分工切割后的必然产物。因为人员规模的扩大，必然导致专业化分工——设置"部门";而部门形成后,对于每个员工的绩效考核都聚焦于显性价值活动的考核,关联由于难以观察、难以衡量而不被考核,上下关联就被切断了。

尤为重要的是,有能力识别并管理这些关联,以优化整体价值链效率,是企业产生可持续竞争优势的源泉。企业对于关联的忽视,往往是导致竞争力下降的重要原因之一。可悲的是,即便由于关联的低效导致了企业竞争力的下降,因其隐性特征,管理者也很难意识到,从而导致竞争力下降的趋势难以得到改变。

要提升价值链效率,需要将隐性的关联工作显性化,通过管理措施提升关联效率。部门负责人在这一方面负有首要责任。

将隐性关联工作显性化,并不容易,需要跨越三个障碍。

第一,认知。企业管理干部大部分是从基层员工一步一步成长起来的,由于在特定岗位工作表现优秀而被提拔。为了在管理岗位做出成绩,他们会更加聚焦本部门的业务,而对于其他部门的情况,既没有时间也没有兴趣去了解。每个部门都是如此,大家都专注于把本部门的事情做好,没有人觉得自己需要考虑整个公司的事情,大家一致认为那是老板的事情。因此,我们首先要从认知上,让管理干部从全局看待自己的工作，意识到价值链的完整含义，明白产品或服务如果没有在客户端有效变现，那么每个人的劳动都将变得毫无意义，只是产生了一系列无价值的行动而已。当管理干部从思想上认可了关联的重要性时，才会关心自己工作与其他部门的关联关系。

第二，授权。关联应当是企业的正式行动，而非某一两个部门的自发行动。公司领导应当理解有的工作环节需要开展更多动作或交付更高标准的工作成果，这往往也意味着需要更高成本，需要在公司层面得到认可及授权。

第三，澄清。究竟哪些关联是有必要的，哪些是没有必要的，需要相关的需求部门提出要求，配合部门表示接受，公司高层表示认可。一旦确定，就将变成公司的正式行动，各部门负责人负责将关联细化，并在团队内部建立规则，成为绩效考核的一部分。

在将关联工作显性化过程中，公司 CEO 的态度是非常重要的，具体工作细节可以由各部门协商，但公司领导要展现出重视的态度，"吃亏"的部门要把亏吃在明处，让决策层了解这个部门付出的努力与代价在另一个部门最终体现出了业绩。公司 CEO 的重视与参与，会让各部门放下心中的"部门墙"，增加跨部门合作的意愿。

全局思维的四个层面

柔性组织成员需要非常了解同事的工作，知道彼此如何配合，即便客户提出富有挑战的个性化要求，或者中途变更需求，也能够凭借高效配合完成交付。柔性组织高效运作的保障，是建立一支具有全局思维的员工队伍。

如图 7-4 所示，打造具有全局思维的团队，可以从四个层面开展建设。

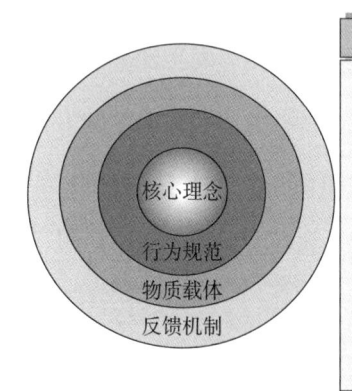

建设全局思维的四个层面
1. 核心理念层：全局思维的底层逻辑、核心理念
2. 行为规范层：与核心理念相匹配的行为规范体系
3. 物质载体层：令员工感受到全局思维的文化与氛围，物质载体包括文化宣传、海报、张贴画等
4. 反馈机制层：如果员工在实际工作中的行为，与公司期待的全局思维行为有偏差，需要建立一套机制去发现，并发出反馈信号，以引导后续行为

图 7-4　建设全局思维的四个层面

资料来源：根据公开资料整理。

核心理念层

全局思维是一种思想革新，员工需要从更高维度理解并开展岗位工作，如何让员工发自内心地接受这种新思想，并且在行动中践行，就需要有一套理论体系，把道理给员工讲明白：例如，什么是全局思维，全局思维能给公司和员工带来什么好处，非全局思维会给公司和员工带来什么坏处。建立这套理论体系，是打造具有全局思维的团队的第一步。

建设全局思维的核心理念是，要防止内容空洞、口号化，不仅要有理论高度，也要将理论与公司现实情况结合起来。全局思维意味着员工应认识到价值链的完整含义，知晓公司产品或服务创造价值的完整过程，理解各个岗位、各个环节是如何参与贡献的，了解所有人的劳动最终是如何在客户端变成收入的。从系统眼光看，公司价值链包含哪些要素，彼此之间有什么关联，显性关联是什么，隐性关联有哪些，这些内容不仅要有理论体系，更要有具体工作表现，要让员工认识到，全局思维与每一天的行为相关。

行为规范层

通过编制《全局思维行为规范》，将核心理念具象化，为员工具体行为提供指导。

行为规范的制定过程，应当让员工参与进来。很多公司的行为规范，是由人力资源部起草、公司领导签字下发的，或者由咨询公司帮助建立的,在这样的制定过程中,员工完全没有参与感,只能被动接受,执行效果也比较差。在《全局思维行为规范》正式发布之前,应当组织员工充分讨论,吸收其中好的意见及建议。讨论过程本身就是一次员工教育。

行为规范要简单易记。很多公司制定的行为规范,在现实中难以落地,无法约束不正确的行为,员工依然我行我素。其中重要的原因在于行为规范过于复杂,关键内容淹没在一堆文字之中。内容难以记忆,则日常监督必然困难。

行为规范的约定并非需要大而全,为了确保执行落地,可以遵循"简单—迭代"原则,先从重点场景入手,重点改变急需改善的行为,然后每年迭代,周期性开展"全局思维"落地实践运动。分批次提升员工的职业素养。

物质载体层

当公司推行全局思维理念时,不仅需要通过会议、培训等形式进行宣贯,还可以建立一套物质载体系统,包括海报、易拉宝等文化宣传工具,在办公空间进行张贴。

物质载体的主要作用是构建氛围。当员工进入办公空间开始上班时,目光所及之处,各种媒介都在传递着全局思维的信息,他就会受到氛围的感染,潜意识地强化全局思维理念在脑海中的印象。为了引起员工重视，需要精心地设计与制作物质载体。文化宣传人员越是认真，员工越能感受到上级对于全局思维的重视。

物质载体应当是多种表达形式的组合。表达形式包括海报、墙贴、易拉宝、宣传短视频、微信公众号文章、办公区的显示屏等。物质载体的内容应当保持更新，始终传递着全局思维方面的信息，有利于给员工带来不间断的新鲜感。

反馈机制层

团队文化的建立，仅靠宣贯是不够的，所有人都会观察领导层是不是在认真推动这件事，采取了正确行动的人会不会得到认可，违反行为规范的人会不会得到处理。当行为偏差能够得到识别，并得以及时处理时，团队成员才会相信这件事是真的，并认真对待。

建立反馈机制，包括信息获取、信息确认、正负激励。通常部门周例会是一个非常好的渠道，会议的前 10 分钟，部门负责人可以组织检讨本周发生的事情，点评相关行为。对于本部门产生的违反全局思维行为规范的情况，应现场警示，提醒相关成员及时改善；对于其他部门出现的影响本部门的违规行为，应反馈给有关部门负责人，提醒其纠正。

总之，以上四个层次看起来复杂，实际上可归结为四句话：理念指导方向，制度规范行为，载体形成氛围，反馈矫正偏差。

现实的障碍

全局思维可以让干部与员工从更宽广的视野看待自己的工作，用系统性思维考虑问题，从而优化与提升公司整体绩效。但在公司内部推行全局思维并非易事，当员工步入职场，角色从自然人变身为职业人时，各类"先天性思维缺陷"会被带入职场，并且在协同体系中造成各种破坏。

在现实生活中，对全局利益形成伤害的思维方式包括以下四种：狭隘的个人主义、简单思维、小团队主义、无脑的好人主义。

狭隘的个人主义

个人主义是一种强调个人利益、个人自由、个人意识至上的职场思维方式，通常表现为员工在看待身边事务、处理工作关系时以自我为中心，它有以下三类典型表现。

第一，个人利益至上。个人主义者的潜在意识是：工作最终目的是通过参与工作来换取工作回报。因此，如何尽量少地付出劳动、如何尽量多地获得收益，成为个人主义者的关注重点。

第二，个人自由至上。个人主义者常常感觉公司的制度与流程对个人自由造成了侵害，因此会有意无意地破坏规则、回避规则，以个人喜好的方式来完成工作，并不关心这种随性的工作方式对企业整体的影响。

第三，个人意识至上。在与其他同事、其他部门协同工作的过程中，个人主义者总是强调自己想法的重要性、正确性，希望别人采纳自己的意见，而从不关心、不思考其他人的想法。

不少员工的口头禅是"这个不是我的工作"。这样的思想非常可怕，因为他的脑子里有一堵很厚的墙：墙里面归我管，你们都不许动；墙外面归你们管，你们爱怎么样就怎么样，即使刮风下雨、墙垮了也跟我没关系，由你们负责。值得一提的是，新员工群体通常不会表现出明显的个人主义，当新员工进入公司时，会仔细观察，寻找边界，从老员工身上感知团队内部的潜规则；老员工的个人主义习气，对于新员工有着重要影响，如果公司不能及时压制个别老员工的个人主义不良习气，则整个公司的文化氛围很快也会变得"个人利益至上"。

个人主义者有个法宝：生硬地运用流程与制度，使之成为挡箭牌。科技创新时代，外部市场环境会快速发生变化，新情况层出不穷，有些流程与制度不适合现实情况，员工应当基于整个价值链考虑，快速协同交付，然后再修订流程与制度。但个人主义者并不关心这些，他们会生硬地拒绝，把事情推出去或把问题阻挡在前面，最终阻碍了对客户的快速响应。

简单思维

简单思维的表现是你让我做什么我就做什么，你说多少我就做多少。比如，上级给下属安排了一个任务，让其根据公司文字版的产品介绍，做出一份供销售人员使用的产品宣传PPT，下属就把文字版介绍搬过来，通过复制粘贴，变成了一份PPT，不去思考哪里应该进行提炼，哪里应该增加一些图片展示。类似的例子不胜枚举，试想如果有这样一位下属，没有哪个管理人员会觉得省心。

推崇简单思维的员工，讨厌新生事物。他们喜欢朝九晚五，循规蹈矩，最好一切工作都日复一日地重复下去，通过最简单的脑力劳动，换取一份稳定的工作回报；新事物的出现，意味着他们需要重新探索解决方案，重新经历试错的过程，他们讨厌这种不确定性。

推崇简单思维的员工，不喜欢动脑子。他们喜欢领导把所有工作都仔仔细细讲明白，这样他们就不用费心思去思考工作的开展要考虑哪些因素、执行哪些步骤、准备哪些备选方案。反正领导怎么说，他们就怎么做，"按照领导说的去做总归没错"。如果发生错误了，他们就会委屈地说："领导，我都是按照你说的去做的呀！"言外之意，是领导没有把任务布置清楚。

简单思维的另一种表现，就是当工作中出现困难时，执行人就会停下来，大呼小叫，四处寻求帮助。表面上看，他是在示弱求助，实则是在甩包袱，急于把问题抛出去，希望别人来帮他解决，最后要么把工作甩给同事，要么把工作甩给上级，自己绝不去思考如何克服困难、解决问题。

现实中，上下级之间发生上述情况还算好的，因为下属的不作为还在管理人员的监管范围内，能够得到及时管控；当平级部门进行协同工作时，遇到推崇简单思维的员工，他们就会产生上级无所察觉的巨大杀伤力。例如，A公司研发人员将某部件设计参数设定为高水平，这使得部件价格高昂，采购部门很难采购到合乎设计标准的部件；生产部门的工艺技术人员也困惑不解，因为现实应用中对该部件设定过高标准意义不大，便去询问设计人员为什么要设定这么高的标准，得到的回答居然是:"标准当然越高越好,肯定不会错。"采购人员和工艺技术人员知晓原因后,真是无语又无奈。

如果说上面的情形令人恼火,那么还有一种场景,则值得公司管理层警惕,那就是,员工以简单思维开展工作的背后,是错误的领导风格导致的。有的管理人员,凡事喜欢以自己的想法为中心,喜欢下属一步一请示、一步一汇报,对于新点子、新想法常常持否定态度,心中自认比下属高一级,自己的想法常常要压过下属的想法,这样的领导风格就导致下属普遍不愿意思考问题,因为思考了也是无用的,还常常会受到领导责骂,还不如领导怎么说我就怎么做,既省事也安全。这种情形危害面更广且更隐蔽,问题看似表现在下级身上,实则根源在上级,更难以根除。

简单思维的直接危害是不断产生低级错误,进而使事情变得越来越复杂;原本可以一个人独立完成的任务,却需要一群人参与去纠错,导致原本有序的工作进度变得混乱不堪。

小团队主义

小团队主义是个人主义的放大与延伸,是为自己所在的小团体利益算计而不顾整体利益的思想作风或行为。小团体主义者考虑问题时往往以小团体为中心,无论利弊得失都站在局部的立场上，为了维护少数人的利益而忽视整体利益，严重时甚至不惜损害集体利益以换取部分人的私利。

小团队主义者缺乏大局观和全局意识，在处理公司与部门、整体与部分之间的关系时只顾自己，不顾整体利益。小团队主义的特征，是整个小团队内部很团结，在争夺利益方面不遗余力，凡事不看对错，不考虑全局的结果，在与其他部门协同过程中，往往表现得非常强势。小团队的领导常常富有野心，看不上其他部门领导，常感觉自己的能力被低估或埋没，总希望证明自己比别人更强。

小团队主义的危害比个人主义严重得多，其表现形式更隐蔽，常常发生在跨部门合作中。由于部门之间协同的复杂性，小团队主义往往表现为"部门衔接不好"，或者"意见不统一"，问题容易被忽视，纠正起来就更加困难，对公司的危害持续性也更强；当小团队主义思想存在于重要干部脑海中时，将对公司产生严重威胁，MF软件①的CEO就遇到了这方面的挑战。

杨总是MF软件的创始人，这是一家国产工业设计软件公司，由于工业设计软件需要投入大量人力搞基础研究，属于吃

---

① MF软件为虚构企业名称，不指向特定企业。

力不讨好的业务类型，以前大家都不看好这个领域。特朗普政府执政时期，美国从各个领域公然打压中国，对华为公司更是无所不用其极，不仅禁止美国企业向华为出口芯片，禁止华为手机采用谷歌 Android（安卓）操作系统，更是禁止华为采用 ARM 公司的设计软件用于微处理器设计。这一系列针对华为的禁令，实际上把中美之间以后可能发生科技竞争的火力点都暴露了，中国开始高度重视国产工业软件，特别是基础设计软件。MF 软件的业务一下子火爆起来，到处都有订单主动找过来，包括以前可望而不可即的央企的订单，MF 软件需要全力以赴抓住发展机遇，把客户需求转化为公司订单。

由于业务忙不过来，杨总需要提拔一个人跟自己做搭档，自己全面负责接单，这位搭档则全面负责交付工作。他发现公司项目部总监阿强工作能力不错，不仅懂技术，还善于与客户沟通，属于难得的具有商业意识的技术人才。于是杨总让阿强牵头负责整个公司的交付工作，也就是说，一旦杨总在前端把客户搞定，后面的事情就都由阿强负责接手。公司还有两个产品部门，由公司总设计师带队，一并划给阿强负责协调。

这样的安排，一开始是没有问题的。但随着时间的推移，公司的业务量越来越大，杨总开始感受到公司内部的冲突越来越严重。最开始提起投诉的是公司的总设计师，他反映没办法跟阿强合作，本来总设计师带领的团队负责公司软件产品设计，阿强负责客户化定制交付，临时抽调产品部的人去客户项目救急，这是免不了的；但后来发展到产品部所有的人都变成了项目部的人，没有人做产品了；而阿强反过来说产品部工作进度太慢，导致项目个性化开发任务很繁重。

渐渐地，杨总发现公司逐渐失控了，整个交付工作成了"黑盒子"，他对内部运营情况一无所知，几位技术骨干相继离职，整个交付团队更像对阿强个人负责，而非对公司负责。

通过与公司的几位老技术人员交流，杨总发现事情很严重。阿强在团队管理方面，采取的是"顺我者昌，逆我者亡"的态度，判断事情对错不是看是否对公司有利，而是看个人喜好。对于不听话的技术人员，阿强就给对方穿小鞋，将其逼走；新入职的员工，对阿强是绝对服从的。这样的局面，导致其他部门根本无法开展工作，公司的整体行动局限为一个部门的行动。

事情发展下去，甚至杨总自己也感受到了威胁：他不仅对交付部门的运营情况一无所知，而且需要面对交付部门"挑项目"的局面，有的订单任务交付部门会承接下来，有的订单任务则会被拒绝，订单能否被承接并没有什么具体标准，交付部门用的最多的理由是"忙不过来"。

眼看问题已经严重到影响公司发展了，杨总不得不开始重视这个问题。而解决问题的难度超乎了他的想象。本来杨总希望通过兄弟般的谈话改善局面，但局势的发展表明，阿强依然难以改变以本部门为中心的思维模式，撕裂了整个公司。于是杨总痛定思痛，决定重新调整组织架构，为此他聘请了华创教育研究院的团队赋能顾问，经过多轮研讨，确定了组织架构重组方案，按照价值链流程重新划分了部门，让阿强回归项目部门的管理，不再有调动其他部门员工的权限。

此后事情的发展也在意料之中，面对公司的调整，阿强不仅没能从公司角度去理解，反而产生了很大的抵触情绪，认为公司的组织架构调整是刻意针对他的削权，于是私下鼓动下属员工"要敢于拒绝我们认为交付不了的项目"。杨总多次试图与项目交付部门的青年骨干交流，鼓励他们勇担重任，每次交流之后阿强都会迅速与他们进行一对一谈话，削弱杨总的这种努力。

事情发展到这种地步，杨总不得不采取断然措施。他很清楚，这个结局无论对于阿强还是对于公司，都是一种伤害。他后悔当初没有提早警惕小团队主义，如果有所防备，事情也不至于发展到这个地步。

值得一提的是，小团队主义多半发生在强势部门及公司

CEO信赖的核心骨干身上。正是由于这样的特性，等到小团队主义在公司内部形成气候之后再去处理，将对公司形成严重威胁。

无脑的好人主义

工作中要不要配合同事做好工作？这一定是需要的。但是，单纯地努力去配合他人，而忘记了自己的本职工作，这算不算好员工？一定不算。很不幸，每家公司都有这样的员工。他们每天都很忙，只要有人开口让他做什么事情，他们一定赶紧去做，导致事情积累得越来越多，他们既不懂得拒绝，也不懂得分工，最后事情都被耽误了，他们还会觉得很委屈。这样的人我们称之为"无脑的好人"，这样的现象我们称之为"无脑的好人主义"。

团队里一定需要"沙僧"式的人物，不挑不拣，默默奉献，需要配合的时候努力配合悟空与八戒赶跑妖怪，但"心地善良"不是可以做错事的理由。如果为了配合悟空打妖怪，导致整个团队的行李丢了，白龙马也丢了，那就是严重的失职，会给团队造成严重的伤害。

每个员工首先要理解自己的本职工作，确保本职工作在没有人监督、没有人催促的情况下，依然能够高质量地交付，这是最基本的责任。比如，人力部门是要配合业务部门搞好招聘的，招聘工作很急，每天都有人催，新员工不到位，人力部门会被业务部门责骂；但工作再忙，发工资、交社保这些最基础的工作必须按时完成，这样的工作肯定没有人盯着，因为完全是岗位自我管理的工作。可是"无脑的好人"常常就会犯这样的错误，每天都被人叫去开会，好像每件事都少不了他们，他们感觉自己非常忙，最后把自己的本职责任忘了，往往耽误大事。

"无脑的好人主义"现象，深层次原因是员工缺乏对自身工作的深刻理解，缺乏从全局角度对自己工作的认知，把自己定位于从属其他岗位的配合人员，忽视了自己的岗位意义，这是非常错误的。

局部最优陷阱

对绝大部分员工而言，他们的出发点是希望认真把工作做好，而非故意给公司制造麻烦。那么，为什么经常会发生"内心出发点很好，但做出来的事情却事与愿违"的现象呢？这很可能是由于员工不理解"局部最优"与"全局最优"的区别，陷入了"局部最优陷阱"。

在大部分公司里，员工从进入公司开始，视野就局限在本岗，大家都认为把自己本职工作做到最优和极致，就是对公司的最大贡献；而没有意识到，有些工作如果在本岗简单追求极致，可能对整体造成伤害。比如，行政部门希望严肃考勤管理，推行严格的"一刀切"政策来惩戒上班迟到者，如果没有考虑到公司技术人员常常加班到晚上 10 点这一现实，那么就会造成业务骨干干的越多，受委屈也就越多，他们自然不愿意承担更多工作，而会努力把工作推脱出去；再如，财务部门希望帮助公司管好现金流，努力推迟对供应商款项的支付，忽视了有些关键供应商处于市场优势地位的现实，就会使得采购部门在订购关键零部件的时候，得不到供应商的积极响应，不能按计划供应，进而影响对客户的交付；又如，人事部门希望为公司节省劳动成本，努力把入职员工的工资谈到较低标准，忽视了持续的低标准劳动工资政策，最终会赶走优秀骨干，留下一批混日子的员工，进而弱化整个公司的竞争力。

局部最优陷阱并非先天存在。下面我们从一家企业成长的典型过程来分析局部最优陷阱是如何诞生，进而严重影响企业运营效率的。

创业初期，公司创始人带领 10 多个人的小团队，联合完成了市场销售、技术开发、采购、产品生产等一系列工作。这个阶段，团队成员都在一个小的空间里集中办公，分工不明确，有事情大家一起上；彼此之间交流比较频繁，有着兄弟般的感情，订单执行信息通畅，不容易发生局部最优陷阱现象。

为了企业发展，公司创始人高度关注业务的成长，倾其全力从外部获得越来越多的订单。此时，"大家一起上"的局面已不合时宜，需要进行专业化分工，提升交付效率，于是开始设立部门，一部分老员工开始变为部门主管。

之后公司进一步成长，每月的订单规模继续扩大，公司已经有了一定的资金积累，且需要构建良好的市场形象，于是搬进了更大的办公室，每个部门占据一片空间。这时订单信息的传递不像之前那么通畅，不仅是由于订单变多，也是由于物理空间的分割在一定程度上阻碍了订单信息的流通。

后来公司继续成长，招聘进来更多的新员工；新员工不了解公司全局运营情况，只能通过上级获得有限信息，上级怎么说自己就怎么做，或者通过岗位说明书来理解自己的工作，局部最优陷阱便开始出现。

由于部门主管没有经过专门系统训练，自身的管理能力不足，未能意识到局部最优陷阱的存在，所以问题越来越严重，部门之间开始相互抱怨。这种抱怨加深了彼此之间的隔阂，部门之间的信息交流大幅减少，大家开始讲究"公事公办"。随着相互抱怨的情况愈演愈烈，员工出于自我保护，努力把本岗的工作做到极致，以获取上级认可。这个时候，已经没有人去想自己的工作对全局的影响了。

从以上过程可以看出，物理空间的分隔、专业化分工造成的信息割裂、缺乏全局思维培训这三大因素，导致了局部最优陷阱的出现，这是企业成长的必然现象，且随着企业成长会越来越严重。

在一家陷入局部最优陷阱的企业中，每个员工都高度关注自己任务的完成情况，没有人关心订单执行过程中各环节的衔接，大家都忽视了一个事实：单点最优决策的简单叠加，可能无法产生整体最优的结果。公司全体员工都抛开全局思维，单从局部的观点来实现"最优"，一定会对全局产生难以挽回的影响。MK智能从高速成长到迅速落败，就与局部最优陷阱息息相关。

在前文案例中，2015年MK智能被辰鸪股份以4.2亿元全资并购后，为了满足业绩对赌的要求，大力扩张销售部门。销售部的任务是拿订单数量越多越好，没有人关心订单的质量。

从公司角度来看，市场订单分"优、中、劣"三等。优质订单是新建自动化生产线的全包订单，由MK智能整体拿下，统一设计。由于MK智能有自己的一套自动化体系，也有完整的供应商队伍，设计部门根据客户需求做好设计后，很快就可以实施，标准化程度比较高，这种优质订单做下来，如果按期交付的话，公司会有利润。中等订单是新建自动化生产线的模块订单。通常情况是，客户的技术力量比较强，已经做了全套自动化生产线的设计，但又看中了MK智能的部分优势模块，这种订单会比较麻烦，订单规模不大，设计任务却比较繁重，要根据客户技术标准，大幅修改自己的产品模块，这种订单给采购、制造部门都造成了不小的麻烦，做下来表面上有利润，实际上却消耗了大量技术资源，属于明赚暗亏项目。第三种订单类型更具有挑战性，客户以前做过自动化改造，但是上一个供应商做得不成功，客户不满意，便找来MK智能进行改造。客户希望实现更为顺畅的自动化生产，但希望尽量保留原有自动化生产线的模块，以节省成本。这种项目需要与客户使用部门进行大量的沟通，反复修改；技术部门修改之后，还不知道是否有效，需要反复调试；这种设计任务都是独特的，需要单独设计，且后续再使用的可能性不大，相关零部件采购起来也非常烦琐，零部件供应商通常也不愿意做这种要求非常多、用量非常少的零部件，这又会进一步影响交货工期，进而引发客户方的罚款。

第三类项目做下来肯定是亏的，但是销售部门只关心"销售额",他们对于一个订单的物料成本、人员成本、管理成本并不了解,所以没有"亏损"的概念,认为只要拿到订单有钱赚,就是对公司好。当交付部门对此类订单表达不满时,销售部门就会认为交付部门人员懒惰,工作不积极、互相推诿,就会到董事长那里告状,董事长第一反应就是:销售人员拿单不易,交付部门必须接下来。强压之下,交付部门只能硬着头皮做。实际做下来,这样的项目消耗了大量设计人员资源。由于设计部门同时在设计很多项目,当人员不够时就进行招聘;新员工对公司设计体系不熟悉,就会产生各种设计错误;资深设计人员会不停地从一个项目调到另一个项目,去修订各类设计错误,有时干到一半又会被调到另一个更紧急的项目,手头的项目只能停下来等待,而等待的结果是工期被耽误,以及客户投诉、罚款,甚至是拒绝支付工程款,最后这个项目就会产生明面上的亏损。

富有生命力的系统

在我们的观察中,有的系统富有生命力,焕发勃勃生机,在顺境中有序发展,在逆境中顽强屹立;有的系统脆弱、僵硬,在历史长河中昙花一现。德内拉·梅多斯教授是世界上最伟大的系统思考大师之一，他在《系统之美》一书中，指出优秀的系统有三大特征。

第一，适应力。一个物体的适应力是指其被按压或拉伸之后，能够恢复到原有状态、位置的能力。一个系统的适应力是指其在多变的环境中保持自身存在和运作的能力。与适应力相对的是脆弱性或刚性。例如，人体就是一个具有很强适应力的系统，它可以抵御成千上万种病毒、细菌等有害物质的入侵，可以适应不同的温度以及差异很大的食物，可以根据需要调整血液供应，可以修补、愈合创伤。

第二，自组织。通常，首先感知到外部环境在快速变化的是一线员工。如果员工单纯地把信息反馈给上级，然后静静地等待上级给出指示，则很可能在等待期间局势恶化，导致不可逆转的恶劣后果。一线员工能够自发组织起来，应对变化的外部环境，做出正确的决策，这是优秀系统的重要特征。例如，武昌起义时，整个起义计划意外暴露，重要人物被抓被杀，清政府按照名单逐一捉拿革命党人，危急时刻，少数人自发组织起来，进行联络、分工，并统一行动，最终反败为胜，武昌起义的成功就是典型的自组织表现。

第三，层次性。上一级系统对于下一级系统并非拥有绝对权威。在优秀的系统里，上一级系统与下一级系统之间更像一种分工合作关系。每个子系统都按照自己的规律运作，发挥特定功能，服务于上一级系统的需求。上一级系统负责调节并强化下一级系统的运作，最终形成相对稳定的、具备适应力和高效率的结构。

柔性组织就是富有生命力的系统。在这样的组织中，员工并非埋头做事的工具，而是被赋予获得完整信息的权利，主要包括以下三种信息。

一是价值创造。员工理解客户为什么需要我们的产品，以及我们的产品如何为客户创造市场竞争力。这通常还涉及市场竞争方面的培训，比如，我们的独特优势是什么，为什么我们能够从竞争对手手中抢到订单。通过这样的教育，员工能够更加清楚公司的核心优势，从而在工作中产生精益求精的意识。

二是客户需求满足。对于大多数科技型公司而言，每笔订单的客户可能都有个性化需求，而这也意味着员工需要理解客户最终期待的是什么。所以，一个新订单的项目启动会非常重要，所有涉及的岗位都应当参加项目启动会，由销售人员介绍客户情况，售前方案人员解释解决方案。很多公司没有认识到员工亲自参与项目启动会的重要性，当一项任务经过多重转述再传递到一线执行人员时，一线人员做出来的产品就会出现很多偏差。

三是价值链协同。员工要理解公司的整个价值创造系统是怎样运作的，自己处于什么位置，这样才能够更好地与上下环节配合。

全局思维落地实践

全局思维是如此重要，它是企业顺畅运营的基础；而全局思维又是如此缺乏，现实中处处可以看到"非全局思维"对公司造成的伤害。那么，有没有办法解决这个问题呢？

2020年，我应邀担任YS集团[①]的战略顾问，这家公司是中国知名的物流分拣设备制造商。公司创始人在欧洲工作超过20年，面对中国快速发展的经济，毅然回国创业，并带回了先进的自动化分拣技术。

得益于中国快递行业的快速发展，以及公司强大的技术能力，YS集团发展很快，公司人员规模从最初的20人发展到200多人，业务规模从2015年的年销售额4 000万元发展到2020年的15亿元，并开始启动上市程序。

在快速发展的同时，公司内部运营变得越来越具有挑战

---

① YS集团为虚构企业名称，不指向特定企业。

性。过去公司每年建设20~30个项目，现在跃升到每年300个项目，每个项目都需要各个部门之间完美衔接，才能顺畅完成交付。而这恰恰是公司面临的严峻问题，每个人都努力完成自己的工作，但感觉周围同事都在扯后腿，配合很差，每个人都觉得很累，在做大量无用功。每个部门的负责人都有一肚子意见，但也无能为力，因为意见早就提过，但从来没有得到解决。在这样的背景下，我带领一个工作小组在YS集团内部推行全局思维落地，具体做法包括以下几项。

唤起全局意识

通过调研发现，企业员工对于公司是很有感情的，每个人都希望公司顺利成长，但员工没有经历过专门的培训，大家都是自发地基于个人理解来努力做好本职工作，意识不到自己的工作对于其他部门及全局的影响。

大部分员工的思维聚焦在"个体劳动—获得回报"的模式上，这种根深蒂固的思维模式，使员工很少去思考个体与群体、个人与社会之间的互动与相互影响。员工工作的目的也非常简单：完成上级布置的任务，拿一份不错的薪水作为回报。很少有人思考自己的劳动对于整个公司的意义。员工普遍认为自己的任务就是干好岗位职责里规定的工作内容，超过这个范围的工作，就与自己无关，因此不去想，更不会主动去干。

我们首先需要唤起员工的全局意识，使每一位员工不仅关心自己的岗位、自己的部门，更能主动了解公司的运营机制，将自己的身份定位从"打工人"变为"价值共创成员"。

因此，全局思维落地的第一步，是在正式场合讲解全局思维的基本原理，并且发出正式号召，要求员工以全局思维重新审视自己的工作。出乎意料的是，员工们并没有把这项要求当作负担，而且很开心地接受了。我想很大原因是，他们自己也深受"非全局思维"之苦，并且也非常期待成为公司价值体系中的一部分，而非简单地为公司打工。

理解价值链

YS集团的核心业务是为中国最大的快递公司建设快递分拣中心。从销售人员签下客户订单，到验收合格收到工程款，中间会经历哪些流程呢？除了高层干部，绝大部分员工是不清楚流程的，即便是部门经理层级的老员工，也只是大概了解表面一部分流程，对具体运营细节并不十分清楚。加上员工的流动，因此了解公司业务全貌的人越来越少，协同起来就越来越困难。

我们在YS集团推行全局思维落地的第二步，是让广大员工理解价值链，了解价值创造的全过程。价值链的培训过程，其实是一次工作流程梳理过程，也是一次澄清过程：环节与环节之间如何交接，标准是什么，常常会遇到哪些问题，哪些部门负责主导解决。大家对这些问题进行了热烈讨论，培训效果非常好。当员工第一次正式知晓公司整体运营流程后，都有一种豁然开朗的感觉。虽然很多工作此前也在开展，比如，项目启动会、质量评审会等，但员工过去都是被动参与，现在知晓了各项工作的意义，以后工作的方向感就清晰很多，并知道该如何主动配合其他部门工作。

形成行为规范

当员工从内心接受全局思维，并且清晰了解其行为标准后，我们将全局思维的理念与行为固化下来，形成行为规范的一部分，并且强制执行。

我们梳理了全局思维最重要的工作场景，对每个场景应当采取的正确行动做了规定，并列举了各类不正确行为的具体表现。

例如，场景1是"如何面对同事的协同请求"，相关规定如下：

"协作：承诺必达"

1.1 面对协作请求，问清工作目的、交付时间、交付标准。

1.2 同意或不同意协作请求，请务必及时回复。不要保持沉默或置之不理。

1.3 答应的事情，要按照约定的时间、标准交付去完成，中间的困难需要自己努力解决。

1.4 所有工作都是有困难的，没有困难不需要聘请你。你就是来解决困难的。

1.5 工作进度要让同事知道，除非公司有规定，所有信息都是可以公开的。工作信息是否机密，由你的上级决定，不由你来决定。

1.6 不要在任务交付的时候才说"我遇到困难了，所以没有完成"，有困难要第一时间提出，及时让上级和同事知道。

场景1的行为规范非常简单："协作：承诺必达"，方便背诵与记忆。而具体的含义则丰富得多，我们列出了6条行为规范，把常见的错误行为也包括进来，在宣贯过程中予以讲解，在考试中列入考核范围。

类似的工作场景，我们一共梳理了12个。当然，并非需要全局思维的场景只有这12个，而是最紧迫的是这12个场景，需要在尽量短的时间内落地执行，把大家从各自为战的无序工作中解放出来。

随着行为规范的制定与下达,同事之间的协同工作有了标准接口,工作推进的顺畅度大大提升。对于全体员工而言,人人都是行为规范的践行者,同时也是行为规范的监督者,如果有人还在用封闭的个体思维做事情,同事就会提醒他:"注意全局思维行为规范。"那么错误行为马上就会得到改正,整个团队的风气就会焕然一新。

第八章
柔性人才的激励

从马斯洛需求层次理论可以看出，柔性组织是优秀人才的舞台，应该让优秀人才充分绽放，实现人生价值。柔性组织有一套完整的人才成长规划，让员工的能力提升具有可持续性，通过职级体系实现对人才能力的认可，激发人才积极主动地成长。柔性组织对人才的业绩考核与交付结果高度关联，要让优秀者得到奖励，让平庸者无处遁形。

人为什么要奋斗

第五章至第七章的论述，在于探讨如何提升公司员工的工作能力。实际上公司真正关心的是业绩，拥有同样能力的员工在实际工作中创造价值的能力不尽相同。正如我们平时在公司观察到的，团队里的员工通常有三类。A 类员工非常渴望达成完美的工作业绩，他会主动开拓资源，创造工作条件，创新工作方法，探索新的知识，最终创造出完美、超出预期的结果。B 类员工表现得不好也不坏，能够满足工作需要，上级很难发现他工作中明显的缺点，但这类员工在遇到困难与挑战时往往表现得退缩靠后，需要别人来帮他解决问题，从而会消耗团队管理者不少精力。C 类员工没有什么工作激情，在上级面前表现出认真工作的样子，但背地里却整天摸鱼混日子，这类员工一旦被发现，就很难继续在团队待下去，但在被发现之前，他已经给团队造成不少损失。这三类员工，也许能力差别不大，但由于工作激情状态不同，为组织创造的价值也会有巨大差别。

日本经营之圣稻盛和夫在其著作《经营十二条》中指出：工作结果 = 思维方式 × 能力 × 热情。其中思维方式分为积极的、正向的利他型思维，以及消极的、负能量的自私自利型思维；能力指员工后天习得的知识、经验、技能；热情指员工对成功的渴望、工作时的激情等。公司要高效率地产生业绩，需要管理好公司内部的三类人才：A类员工也称为"自燃型"人才，不用别人吩咐也会主动前进、带头工作；B类员工是"可燃型"人才，不会主动燃烧，需要别人带动才会释放能量；C类员工，是"不燃型"，怎么点火也不会燃烧。在稻盛和夫提倡的阿米巴经营理念中，企业就是要建立一种机制，点燃占据大多数的"可燃型"人才，让他们愿意主动为岗位、部门和企业的经营结果思考。点燃人才后，再源源不断地把这些人才输送到各个岗位、各个部门，这样一来，企业就能实现可持续发展。

稻盛和夫谈及的"点燃"行为，在西方管理学理论中，就是"激励"。

如果要激励员工,就要理解人为什么要奋斗。对于这个问题,过去100年来,西方心理学家进行了系统研究,并且产生了一系列有价值的探索。其中,弗洛伊德的精神分析学派认为,人的行为受"潜意识、前意识、意识"三重影响,本能、欲望是人格发展变化的推动力。华生的行为主义学派强调外部环境对于人的心理的影响,可以通过"刺激—反应—强化"模式获得所期待的行为。

美国著名社会心理学家、第三代心理学的开创者亚伯拉罕·马斯洛提出了融合精神分析心理学和行为主义心理学的"人本主义心理学",马斯洛将"自我实现者"与普通人的动机区别开来,他指出:"自我实现者显然过着一种自我实现、自我完善的生活,而不是像普通人一样仅仅追求基本生存需要,前者拥有成长性动机,后者是匮乏性动机。"[①] 对于柔性组织而言,寻找并训练自我实现者(即稻盛和夫所说的"自燃者"),有效地激发他们,是实现组织目标的重要方法。

---

① 参考《科学心理学》,亚伯拉罕·马斯洛,陕西师范大学出版社。

点燃自我实现者

尽管现在有众多关于激励的理论与书籍，但管理者依然认为让员工保持激情是非常困难的事情。有些激励手段确实有效，比如发放奖金或给予提拔，但被激励者的激情不会持续很久，而将曾经有效的手段再用一次，效果会大打折扣，因为被激励者感觉"不新鲜"了。

马斯洛发现，管理者的这种激励困境源自普通人对于一般性满足的多变性，即某些需求被第一次满足时，会产生一段时间的满足感；而同样的满足再发生一次，满足感持续的时间会大大缩短；当同样的满足第三次发生时，被激励者可能觉得这是理所当然的事情，甚至会由于没有达到更高预期而产生不满。这种事实令很多管理者感到沮丧，甚至怀疑自己的领导能力。

值得庆幸的是，激励并非总是如此困难，假如团队里有自我实现者的话，情况会有很大不同。

自我实现者拥有一种奇妙的能力，他们能一次又一次、充满新鲜感地欣赏生活中的平凡事物，带着敬畏、愉悦、惊奇甚至狂喜来生活，尽管这些体验对其他人来说可能已经十分陈旧。但对于自我实现者来说，每一次看见的夕阳都可能像其第一次所见的那样美丽，每看见的一朵鲜花都感觉美得令人叹为观止，即使他早已见过 100 万朵花。他所见的第 1 000 个婴儿，与他所见的第 1 个婴儿一样令他惊叹。结婚 30 年后，他仍然对自己幸运的婚姻深信不疑，60 岁的妻子与 40 岁一样，有着令他惊叹的美貌。对这样的人来说，即使是在平淡无奇的工作日，生活的每时每刻都可能令他欣喜若狂。

一位自我实现者可能会乘着渡轮渡河 10 次，在第十次驶离渡口时，他依然能感受到第一次乘坐渡轮时的那种情绪、美感和兴奋。他们会从基本的生活经验中获得大量狂喜、灵感与力量。[1]

显然，相较于激励普通人的困难，如果管理者设计好一种机制，让自我实现者持续处于激情状态，这完全是可行的。图 8-1 是这种机制的运行过程。

---

[1] 参考《动机与人格》，亚伯拉罕·马斯洛，中国人民大学出版社。

```
7. 获得战略型人才
        ↑
5. 认可并奖励创造价值的行为 ┐
        ↑                  │
4. 提供自我实现的平台       │ 6. 螺旋上升
        ↑                  │
3. 提升创造价值的能力 ←─────┘
        ↑
2. 激发自我实现者的欲望
        ↑
1. 发现自我实现者
```

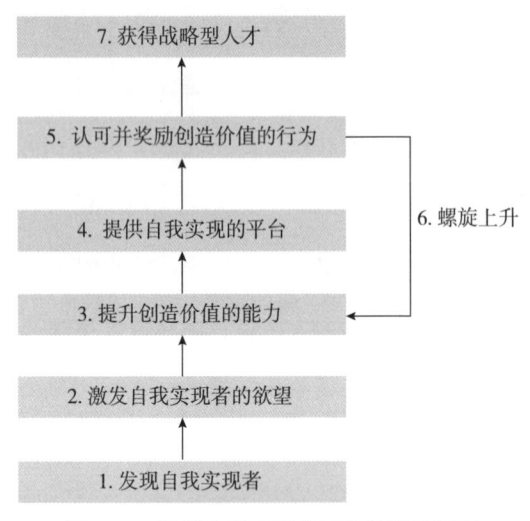

图 8-1　激发自我实现者工作热情的机制

资料来源：作者整理。

第一是发现自我实现者。在芸芸众生中，自我实现者属于少数人群，他们天生积极、向上，有着更高的人生追求，并且会为了理想目标而放弃眼前的利益。管理者需要从众多职位申请者中发现自我实现者，并将其纳入团队。一个团队中如果有多名自我实现者，就会形成互相激发的良好团队氛围。

第二是激发自我实现者的欲望。自我实现者并非自带标签，从外表上看，他们与普通人并没有区别，甚至有些人自己都没有意识到其是自我实现者。优秀的管理者善于点燃下属，激发其内心深处实现人生理想的渴望，并使其将工作岗位视为人生发展的重要路径。

第三是提升创造价值的能力。当员工尝试在工作中积极创造价值时，他将开启自我实现的第一步。这时公司需要助他一臂之力，帮助其持续提升业务能力，并完成业绩目标。当自我实现者看到自己亲手创造出来的业绩时，会受到鼓舞，并且给自己制定更高的任务目标。

第四是提供自我实现的平台。一个平等、受尊重的工作环境，会激发自我实现者的创造欲，他们会想尽一切办法实现任务目标。他们会将工作任务视同自己的个人目标，而非"帮上级完成任务"，这就是管理者希望员工树立起的主人翁意识。主人翁意识不是一种口号，也不单纯是员工的责任，而是需要公司首先提供一个能够让员工发挥主动意识的平台，这通常意味着管理者需要建立平等的上下级沟通模式、善于授权、善于鼓励。

第五是认可并奖励创造价值的行为。在员工努力创造结果的过程中，管理者应当保持关注，并对员工积极正向的行为表示赞赏，这可以让员工感受到来自上级的关怀，从而持续保持工作热情。当员工实现了价值创造时，上级应当及时予以表彰和奖励。

第六是螺旋上升。当自我实现者在公司的平台上自主完成任务并得到了认可时，会产生自信，并给自己设定更高的目标。管理者应充分理解自我实现者这一心理特征，并积极创造条件，让其得到发展。这意味着公司需要从更广泛的维度帮助自我实现者提升工作能力，并提供更丰富的公司资源予以支持，帮助员工创造更大的业绩。

第七是获得战略型人才。在"设定更高目标—赋能—提供平台—创造更大价值"的循环中，自我实现者的能力结构将日益完善，能够以更广阔的视野、更全面的能力结构，承担更加具有挑战性的任务。随着这一循环的持续，公司将会获得宝贵的战略型人才，他们不仅熟悉公司内部交付，而且具有市场洞察力，能够带领团队为公司创造战略价值。

柔性人才的成长路径

如果组织希望员工全身心投入工作，以超乎寻常的热情完成工作，并且能够持续这份热情，那么组织应当关心员工的成长，并以组织的力量帮助员工成长。也就是说，激情并非对于员工单方面的索取，而是组织与员工互惠互利的结果。组织需要优秀员工的创新，优秀员工需要一个能够实现人生价值与人生理想的平台，如果二者可以互相满足，就可以形成战略性合作关系。组织无须绞尽脑汁、换着花样去激励员工，员工会主动把公司视作自我实现的平台，并在这里找到乐趣，证明自己的人生价值，进而实现可持续的自我激励。

柔性组织应如何打造人才成长路径呢？从图 8-2 "柔性人才成长路径"中，可以清晰地看到柔性组织中的人才是如何成长的。

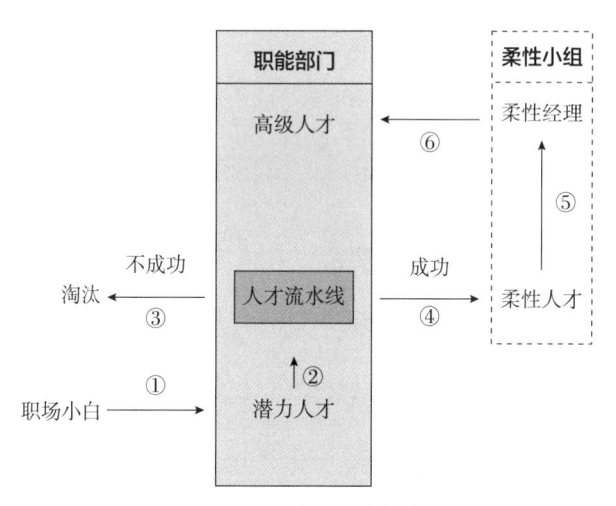

图 8-2　柔性人才成长路径

资料来源：作者整理。

» 第一步：经过面试与测评环节，职场小白中具备优秀潜质的人员被录用，作为潜力人才准备接受公司系统培训。
» 第二步：潜力人才参与公司人才流水线训练，在一轮又一轮的"课程学习—节点验收—实战任务"循环中,能力持续提升。

» 第三步:在人才流水线培训过程中,不能达标的人员将被及时淘汰;空出的人员名额,由招聘部门持续补充新人。

» 第四步:潜力人才通过公司人才流水线的培训,具备参加柔性小组的独立工作能力,成长为柔性人才。

» 第五步:柔性人才在完成一项又一项订单任务的过程中,专业技术能力持续提升,并有一部分优秀人才表现出卓越的领导力,善于沟通,勇于创新,这部分人将被提拔为柔性经理。

» 第六步:柔性经理带领团队,面对复杂的应用场景,为客户提供满意的解决方案。部分柔性经理在这个过程中,显露出不凡的战略思维能力、技术洞察力与领导协调能力,他们将进入公司的高级人才库。

高级人才是难得的多面手,不仅懂技术解决方案,而且懂客户,还有很强的领导能力与协调能力,他们可以在公司各个不同的重要领域发挥作用,是公司最为宝贵的资源。

高级人才可以转到售前解决方案岗位。这个岗位需要熟悉客户需求,能够用技术语言与客户需求部门对话,能够用前瞻性眼光解决客户问题，并且需要了解公司的交付能力，避免承诺交付成本过高的解决方案；在很大程度上，订单能不能拿下来，售前解决方案人员起到决定性作用。在传统组织中，这个岗位难以从市场上招聘，且往往是竞争对手挖角的对象，一旦流失，补充起来比较困难。

高级人才也可以继续留在职能部门，他们的工作重点将转向中台工作，包括主持开发公司的下一代卓越产品，指导柔性小组完成具有挑战性的交付任务，将潜力人才培养为柔性人才。由于高级人才具有丰富的订单项目交付经验，深刻理解客户需求，具备跨领域综合技术能力，他们在中台工作将得心应手。

同时，根据公司需要，也可以将高级人才补充到公司力量薄弱的各类岗位，包括销售、采购、质量等。

高级人才转岗到新岗位后，会有一个新的学习与适应期。而由于这些人才具有全局视野、深刻理解公司业务需求、学习能力强、综合素质优秀，往往工作一段时间后，就会走上专业职能部门领导岗位，成为公司中高层管理成员，从而在更广泛的范围内发挥领导力，推动公司快速前进。

"柔性人才成长路径"为柔性人才描绘出了清晰的职业发展路径。公司是柔性人才发挥个人专长、实现人生价值的舞台，在人才成长过程中持续为其赋能，不断扩展人才能力结构；在人才工作过程中给其授权、提供资源，协助其实现成功。因此，自我实现者能在公司平台得到充分激发，始终以饱满的激情在工作中创造价值。

柔性小组的绩效评估

销售人员的奖励普遍采取"底薪+提成"制度。销售人员的收入与其为公司创造的价值直接关联，这种考核制度的好处是"多劳多得"，优秀的销售人员有干劲，平庸的销售人员自然就被淘汰了。但对于交付部门，绩效考核工作变得非常困难，因为订单在下达给各个职能部门之前往往需要进行拆分，员工不清楚自己的工作到底产生了怎样的结果，参与订单交付的员工的收入难以与其工作结果挂钩，A 部门竭尽全力工作的员工，其努力可能被 B 部门摸鱼混日子的员工轻易化解了，最终公司对于整体利润情况不满意，导致大家都收入平平。这对于认真工作的员工是一种打击，将使努力工作者逐渐变得平庸。更糟糕的是，各部门管理者无法进行跨部门管理，难以改变这种局面。

公司领导并非不愿意奖励交付部门的优秀员工，但开展绩效评估时面临两大难题：一是考核什么项目是比较合理的，二是如何获得考核项目的具体信息。

柔性组织可以很好地解决这个问题。由于柔性小组的任务与订单交付直接相关，可以将柔性小组的绩效考核与订单交付情况直接结合起来。在每个订单签订合同的时候，销售部门都会与技术、财务等部门进行测算：这个订单的材料成本是多少，预计消耗多少工时，并在这些数据的基础上加上毛利，形成对客户的最终报价。

如果订单是按照预期完成的，客户按照合同支付了工程款，公司就获得了预期利润。但实际情况往往是，由于跨部门协同原因，项目不断出问题，工期一拖再拖，等到客户验收时，不仅交付时间晚于预期，而且质量方面也出现问题，在这种情况下，客户就会扣款，甚至要求公司赔偿，最终公司就很难获得预期利润，甚至亏损。

在传统组织中，即便公司发现订单交付有问题，并且带来了经济损失，往往也只能不了了之，因为当追溯问题原因时，各个部门总会相互推诿，彼此甩锅，导致冲突越来越严重，最终公司领导不得不采取妥协态度，息事宁人。由于问题原因难以查清，订单交付问题将一直存在，并可能愈演愈烈。

在柔性组织中，可以从两个维度清晰地衡量柔性小组为公司创造了多少价值。第一个维度是收入。客户主要关注的是交付物的质量与交期，公司只要在约定的时间之前，交付出高质量产品，客户就愿意按照合同约定付钱，公司预期的收入就可以实现。第二个维度是成本，交付小组为客户提供产品和服务，消耗了公司多少成本，包括物料成本、人工成本，各种成本项加起来就是总成本。总收入减去总成本，就是该项目的毛利润。

假如柔性小组完成了一项工程，该项工程的毛利润是100万元，对于柔性小组的激励就可以与其为公司创造的毛利润进行等比例关联。

第一种激励方法是直接收益关联法，参考销售部门奖励机制，直接按照项目毛利润进行等比例提成，奖励柔性小组。这种方法清晰明了，付出的努力与收获的奖励是正相关的。但这种方法有个问题，公司财务部需要计算每一笔订单的详细成本，包括物料采购成本、人工成本、项目杂项费用，成本核算工作不仅工作量巨大，而且容易引起异议，此外，很多企业出于保密原因，不愿意公开毛利率情况、物料成本信息、人员工资水平等，所以直接收益关联法在实际操作中比较困难，适用性不强。

第二种激励方法是间接收益关联法，根据柔性小组为公司创造价值的情况，设置5个激励档位：特别优秀、优秀、合格、基本合格、不合格。

» 特别优秀：柔性小组实施了重大创新，使得质量、成本、交期中的一项或多项获得了明显优化，提升了公司市场竞争力，并使公司获得了超额利润。

» 优秀：柔性小组采取了创新行动，相比公司过往常规做法，提高了产品质量，或降低了成本、缩短了交期，或超乎客户预期、令客户特别满意，公司由此获得了正常利润。

» 合格：柔性小组能够按照公司标准工作流程，在客户规定的交期和可控的成本范围内，为客户提供满意的解决方案，公司获得了正常利润。

» 基本合格：柔性小组能够按照公司标准工作流程，在客户规定的交期内，为客户提供满意的解决方案；项目实施过程中，有成本超支，或风险管控不力，或其他导致公司损失的情况，虽然损失额不大，但足以引起警醒，需要柔性小组认真反思，以避免失误情况再次发生。

» 不合格：柔性小组未能在客户可以接受的交期内完成任务，导致客户不满意，并由此产生扣款或索赔情况，给公司造成经济损失；或项目实施过程中产生重大失误，发生了严重风险事故，导致公司遭受经济损失。

间接收益关联法的好处是，虽然5个奖励档位是固定的，但评定标准可以根据实际情况调整，通过不断优化考核项，引导员工调整努力方向。比如，公司承接了一个关键客户订单，这个订单的技术领先性非常强，具有行业前瞻性，但利润很低（该客户行业地位高，可选择的供应商较多）；公司经过评估后，认为完成这个订单非常有意义，可以帮助企业在下一代产品中处于领先地位，因此，挑选了技术能力最强的柔性经理与柔性人才，以满足该订单要求。同时，公司也承接了一个普通客户订单，该客户虽然没有什么行业知名度，但是项目利润及付款条件都较好，且用公司常规解决方案即可，公司选派中等技术水平的柔性经理与柔性人才组成交付小组。这两个订单对公司的直接利润贡献是不同的，如果采用直接收益关联法，就会产生优秀小组获得的奖励更加微薄的问题，导致交付小组竞相争夺高利润订单。如果采用间接收益关联法，公司会根据实际情况进行矫正性调整，更好地引导柔性小组聚焦重要指标，而非单纯关注净收益。

柔性人才的绩效考核

订单任务的圆满完成，归根结底离不开对柔性人才的激励。对柔性小组的绩效评估完成后，公司可以将奖励资源下放给柔性经理，由柔性经理进一步细化，奖励每一位小组成员。

柔性经理在项目任务实施之初，就需要公布一系列小组规则，其中包括绩效考核细则。针对柔性人才设定的绩效考核指标，就是为员工设定努力的方向，让所有成员明白在本次项目任务中，什么内容是重要的，什么样的行动是受到鼓励的，而什么样的行为是被禁止的。

柔性经理能否有效管理团队成员，关键在于绩效考核设计的成败。考核项目要能够传递交付压力，促进团队成员站在客户角度思考，以团队期望的行为模式，完成交付任务。对于整个小组而言，订单项目的成功，意味着项目交期、成本、质量、客户满意度能够得到满足，因此，柔性小组会将相关考核内容分解到每位团队成员身上。

柔性经理需要对团队成员进行绩效评估，绩效考核指标的设定，通常是基于客户满意度、公司满意度、工作复用性等维度。具体维度如下。

一是客户满意度。

» 交期：各成员能否按照里程碑计划交付工作结果，是否影响整个项目的准时交付。

» 质量：各成员是否能够按照约定的质量标准、技术标准提交工作成果，是否影响整个项目的质量。
» 客户沟通：客户沟通过程是否良好，是否有沟通不畅、情绪化沟通现象。

二是公司满意度。

» 成本：在项目交付过程中，是否通过设计提升、原材料优化，节省了成本；是否存在设计草率、原材料选用不当导致成本上涨的情况。
» 参与：在完成任务过程中，是否积极参与团队交流，共创解决方案，及时分享信息。
» 工作纪律：在完成任务过程中，是否遵守团队纪律，是否存在工作作风散漫现象，是否引发内部冲突。
» 风险：在工作过程中，是否遵循工作流程、制度，是否有风险性行为，是否给公司造成了额外损失。

三是工作复用性。

» 创新性：本次任务执行过程中是否实现了有价值的创新行

为，是否有利于降低成本、提升效率，经验能否被推广。
» 共享：本次工作产生的成果，是否具备较为广泛的复用性和模板效应，是否能够在同类项目中重复使用。
» 复盘：对于本次工作，是否总结了经验、教训，并形成了复盘所需的书面材料。

绩效考核的内容不限于以上各项，但并非越多越好，考核项目过多，会让被考核人无所适从，进而失去绩效考核的引导性作用。绩效考核应当基于团队的实际情况，选择若干项重点进行考核，起到引导团队成员行为的作用。

围绕项目目标开展的全过程管理

绩效考核并不是仅对结果进行考核的管理措施，而是围绕项目目标开展的全过程管理行为。从订单项目启动，到订单项目验收通过，绩效考核覆盖整个订单交付过程，包括设定目标、明确指标、过程监控、业绩考核、结果反馈等多个环节。

» 设定目标。在订单任务启动阶段，团队负责人就应当让整个柔性小组成员知晓本次订单任务的目标，客户期望的结果是什么，如何确保客户的满意度。

» 明确指标。客户满意度并非一个抽象概念，而是能够用一系列指标进行清晰表达的组合。这一系列指标，需要在行动开展前与客户反复沟通、澄清，是客户、公司、柔性小组三方对于最终成果验收的共同标准，一旦设定，不可轻易更改；通常一方更改指标需要征得其他两方同意，并需要支付由此带来的额外费用。指标明确之后，需要下达给柔性小组的每个成员，成为对相关执行人员的工作结果进行验收的标准。

» 过程监控。在订单实施过程中，各成员独立开展工作。柔性小组设定若干里程碑节点，在里程碑节点核查各成员工作完成情况。里程碑节点的核查能够协调各成员行动，确保进展能够保持一致，并且能够及早发现质量问题。如果发现问题后相关人员拒绝配合改进，或改进效果不佳，则该项事件会被记录在案，影响该员工的绩效考核结果。柔性小组会将考核结果传递给该员工所属职能部门，考核结果可能影响员工的晋升与评级。

» 业绩考核。对于公司交付的产品或解决方案，客户验收通过后，签订验收单，并支付除质保金以外的全部款项，至此，交付工作告一段落。公司根据客户反馈对柔性小组进行绩效评估，柔性经理对于全体小组成员进行绩效评估。

» 结果反馈。柔性经理将绩效评估结果面对面反馈给小组成员本人,并传递给其所在职能部门。绩效评估结果应当基于事实,而非感觉。

值得指出的是,柔性人才的编制应归属到职能部门,虽然其在柔性小组期间的工作表现由柔性经理进行考核,但完整的考核实施,统一由职能部门执行。具体而言,订单项目结束后,柔性经理将公司对柔性小组的考核结果、柔性小组对柔性人才的考核结果反馈给职能部门,将相应的奖金额度也划拨给职能部门,由职能部门进行统一发放。

职能部门拥有对柔性人才的完整考核权。柔性人才的调用,完全由职能部门决定,在一个工作考核周期内(月度、季度、半年),一名柔性人才可能会参与多个订单交付任务,也可能参与到本职能部门自身的任务,如面向下一代产品的技术开发、对于柔性小组的技术支持、技术人才的培训等。因此,职能部门除了关注柔性人才对于订单项目的贡献,还需要关心柔性人才在本部门的贡献,如是否积极参与部门任务,是否主动学习、持续成长等。相较于柔性小组,职能部门的激励手段更加完整,除了奖金,还包括定级、晋升、工资调整等。

有的公司为了提升柔性经理的权限,让柔性经理直接对柔性人才进行考核，这样做确实提升了柔性人才对订单项目工作的投入度与响应速度，但也可能产生难以预料的后果，例如，柔性人才内心的归属感逐渐转移到柔性小组，在某种程度上形成对柔性经理的"忠诚"，疏远了所在的职能部门，进而导致其技术水平原地踏步，并越来越难以得到职能部门的支持。这种情况如果多次发生，最终会导致职能部门经理拒绝配合柔性小组的工作，因为他发现自己精心培养的人才最终都流失了，所以其培养人才的动力也会消失。

第九章
教练型管理者

构建柔性组织，管理者的定位需要从"任务型管理者"转变为"教练型管理者"。教练型管理者会认真研究下属的工作状态及其性格特征，以教练心态赋能下属，辅导其高效完成工作任务。

筋疲力尽的传统干部

HY科技董事长发现武汉项目将进一步延迟交付时，怒不可遏，立刻把技术总监阿伟叫了过来，斥责一番。这样的场景，阿伟已经不是第一次面对了，他已经尽了全力，但感觉距离成为一个合格的技术总监越来越远，内心的委屈与无奈也几乎到了顶点。

阿伟特别怀念三年前的时光，那时他还是公司技术部门的核心骨干，公司处于创业初期，人不多，工作来了大家都抢着干，不会计较工作是你的责任还是我的责任。每当接到公司安排的任务，他常常没日没夜地突击，总是能够超预期地完成任务，那时工作虽然辛苦，但心里是快乐的。当公司逐步做大后，作为公司最优秀的业务骨干，阿伟自然而然就成了技术团队负责人。

当上技术总监之前，阿伟对这个职位是非常渴望的，他希望自己的努力得到公司认可，也希望带领下属为公司创造更大业绩。然而，真正走上管理岗位后，阿伟才发现这个工作并不好干。

首先是下属能力问题。随着公司业务规模扩大，公司陆陆续续招聘了不少技术员工，大多数有3~5年工作经验，但他们是关联行业，并非直接从竞争对手的对应岗位跳槽过来，行业里没有那么多可挖的人才。实际工作中，新员工的工作方法是"八仙过海，各显神通"，会利用自己过去的经验，通过各种方法来完成公司的任务。不知什么原因，这些技术员工总是会捅各种各样的娄子，被其他部门投诉，比如零部件设计料号不对，客户技术标准选用错误，设计质量有问题，等等。当生产部门将问题反馈过来后，阿伟不得不亲自修改，甚至有些设计工作要重新做。

其次，下属工作积极性也有问题。他记得自己刚进公司时，面对任务会积极冲上去，不解决问题不罢休。遇到不懂的地方就到处找资料，虚心向老员工请教，总之多问、多学、多尝试，没有解决不了的问题。但自己现在带领的下属，好像完全不在状态，总是要敦促着才能推动工作进度，这样搞得自己也很累。

当下属不给力的时候，阿伟没有办法，只能自己多干一些，这样也勉强支撑了公司过去几年的发展。但随着公司业务规模越来越大，阿伟也越发感到有心无力，虽然已经拼尽全力，但是下属不断出现各种各样的问题，次数越来越多，阿伟也逐渐麻木了。他觉得自己已经"拼搏到无能为力，努力到感动自己"，对于来自董事长的批评，他已经不像刚开始的时候那样寝食难安了，反正自己尽心尽力了，问心无愧，即使董事长不满意，他也没有更好的方法。

而在董事长看来，公司管理层的表现普遍不尽如人意，他们大多在公司工作多年，是从优秀业务骨干提拔为部门负责人的，对公司很忠诚，但管理能力显著不足。要依靠这批人建设柔性组织，真不知应该从何入手。

从执行者到管理者

阿伟的无奈，映射了一大批企业管理干部的困境，他们是公司的中坚力量，却遭遇着巨大的职场挑战。大学毕业后，阿伟们意气风发，充满激情地进入社会，期待成就一番事业，在工作中尽心尽力，加班加点，无怨无悔；业务能力提升上并没有老师父的言传身教，都是靠自己努力，一点一点地提升，最终走向了管理岗位。但作为管理者，管自己容易，管他人难。如何扮演好管理者角色这个难题，如同一座难以逾越的大山，阻挡在阿伟这样的青年管理者前面，他们无论如何努力，都感觉力不从心。

为什么优秀的业务骨干走上管理岗位后，大部分人的表现乏善可陈呢？很少有人意识到，从执行者到管理者，虽然人还是同一个人，但岗位胜任能力模型发生了巨大的变化。

优秀的业务骨干通常具有三个方面的素质特征。一是拥有良好的专业技能，善于学习、主动进步，能够凭借自己的专业能力完成挑战性任务。二是工作激情高，有强大的自驱力，不需要外部力量的推动，可以主动克服困难，主动解决问题。三是较强的职业素养，不居功自傲，做事情时雷厉风行，需要配合团队其他成员时也会积极主动，扮演好配合者角色。

担任管理者，任务挑战性则大得多，仅仅管好自己是不够的，更重要的是，要让下属能够积极主动、高品质地完成任务。很多管理者没有意识到自己的角色悄然发生了巨大变化，没有做好相应的心理准备与能力准备。著名的 GE（通用电气）前 CEO 杰克·韦尔奇对于从执行者到管理者的角色转换，

有这样的心得:

在成为领导之前,成功的全部内涵就是提升你自己,也就是说,你只需考虑你的个人成就、你的个人表现、你对组织的个人贡献。你的职责是:举起手,当叫到你的名字时,站起来说出正确的答案。

当你成为领导之后,情况就不一样了。成功的内涵是提升别人,也就是说,让你的下属更机敏、更成熟、更大胆。除了注意培养和支持你的团队,你还要帮助团队中的每个成员增加自信。作为个体,你的行为已不再重要。诚然,和团队其他成员一样,你也会被别人注意——但是,你被注意的原因只是因为你的团队获得了成功。换句话说,作为领导,你的成功并不在于你每天在做什么,而在于团队的出色表现"反射"给你的荣耀。

现在,这是一个很大的转变——毫无疑问,这是一个很困难的过程。担任领导之后,你需要彻底转变你的思维方式,你不能总想着"我怎样才能与众不同",而应想着"怎样才能让下属把工作做得更好"。有时候,这种思维方式要求你放弃自己二三十年来拼搏进取的精神支柱!毕竟,在你的前半生——从小学一直到你的前一个职位,你一直是在为自己竞争,当你举起手说出正确答案的时候,你就算赢了。但是,现在的情况是,你之所以被提升到领导位置上,很可能是因为上面的某位领导看中了你的组织才能,使你有机会实现从明星队员到称职教练的成功跨越。

那么怎样才能成功地实现这个跨越?首先,也是最主要的,就是积极指导你的下属。你要利用一切机会向他们反馈你的看法——不仅仅是在年度或半年度的绩效考核到来之际。在会议、演讲或拜访客户之后,你也要与下属探讨进一步改进的办法。让每一个重大活动都成为帮助他们的机会,与他们进行探讨,告诉他们你对他们当前表现的看法,告诉他们该如何提高。在互相交流的过程中,你要旗帜鲜明地亮出你的观点!一定要直言不讳,这是高效领导者性格特点的一部分。

提升下属能力的另一个办法是深入地关心他们。你要满怀激情地面对生活、面对你们共同推进的工作,并向下属展示你对未来的乐观预期。此外,你要积极关心每个人的绩效和进步情况,并用你的旺盛精力影响周围的每一个人。

总而言之,千万不要忘记——你现在是一个领导。你不能再只想自己,你要想到他们。[1]

---

[1] 参考《赢的答案》,杰克·韦尔奇、苏茜·韦尔奇,中信出版社。

是的，管理者不能只想到自己，而要想到团队里的每一个成员。这也意味着管理者要面对各种各样的下属，用完全不同的方法让每一个成员都达到最佳工作状态。其中挑战最大的是，如何管理自驱力不强的下属员工，这类员工缺乏工作积极性，喜欢将过去的工作结果稍加修改就交差；他们厌恶不确定性，如果工作有新内容，则会滋生排斥心理，表现为消极怠工，动辄把困难推给上级。管理团队时最困难的部分，莫过于要带领这些自驱力并不那么强的下属员工，去完成源源不断的任务。这意味着要消耗大量的精力，才能推动他们的工作进度，得到合格结果；更糟糕的局面是，虽然花费了大量精力去管理团队，却还是得不到想要的结果。

从执行者到管理者，工作重心发生了重要变化，管理者自我角色发生了重要变化，相关能力素质模型也需要发生巨大变化。管理者要充分意识到这样的变化，只有积极调整自己的能力结构，才能在工作岗位上扮演好新的角色，而要成为面向未来的柔性组织的管理者，挑战更加巨大。

部门管理者的三重角色

在柔性组织中，职能部门的职责发生了重大调整，从任务执行部门转变为战略支持部门，需要聚焦三个方面的重要事务：战略平台建设、中台服务管理、柔性人才培养。职能部门负责人的角色，将从冲锋陷阵的领头人，转变成为上述具有战略意义的三重任务的负责人，担负起三重角色。

第一重角色是战略平台的建造者。项目型公司围绕客户需求提供个性化解决方案，随着订单增加，公司会不停地扩大厂房、增加设备、增加员工数量，公司的净利润率不会提高，甚至可能随着人员数量变多而减少。好的硬科技企业的特征是：有平台型产品，客户的个性化需求仅需少量定制就可以满足，容易规模化复制。但开发平台型产品绝非易事：开发者需要有很强的行业洞察，能够预判未来两年以上行业发展趋势，并且以丰富的行业经验对产品属性进行前瞻性定义。这项工作需要部门负责人亲自推动。

第二重角色是中台服务的组织管理者。中台服务体现在四个方面：前线需求集约化处理、业务重量级支持、信息共享、知识整理。前线需求集约化处理是指对于柔性小组的共性需求，进行集中处理，实现规模化优势。业务重量级支持是指遇到客户需求中有挑战的技术难题，中台派出重量级技术专家提供针对性解决方案。信息共享包括市场信息共享、解决方案共享、创新方法共享等，需要把散落在各个柔性小组里的有价值的信息进行广泛传播。知识整理是指，在每次订单交付结束之后组织复盘，将经验教训一一整理，形成知识库。

第三重角色是柔性人才的制造者。传统职能部门中，"育人"是管理者排位很靠后的责任，业务任务完成了，培训工作就可有可无了。整个公司始终处于"用人不育人"状态，人员质量难以提升。业务量上来时，就发现缺人、非常缺人，而一旦人员招聘到位，又忘记育人的重要性了，因此始终处于恶性循环状态。柔性组织中职能部门管理者变身为"柔性人才制造者"，为柔性小组提供合格人才。涉及的具体工作细致而繁杂，包括人才结构规划、理想角色模型搭建、岗位角色能力分解、教材分工编写、知识体系建设及验收、人员培育、人员考评及验收等。

打造柔性组织，需要管理者自身完成角色转变，成为教练型管理者，激发下属的智慧与活力，让下属员工勇担重任，给他们提供支持，为他们的成就而鼓掌。管理者自身从一个带兵冲锋的将军，变为调兵遣将的元帅，这是一个巨大的心理转变，意味着管理者甘当"幕后英雄"，从一个"带兵"的管理者，转变为一个"带将"的管理者。当每个管理者手下都有一群大将可用时，组织就可以成就更大的事业。

成为下属的教练

传统管理者主要关注创造经济价值的活动，对他们而言，员工是实现经营目标的工具：如果员工能够完成任务，则给予一定奖励；如果员工不能够完成任务，则考虑给予惩罚。对教练型管理者来说，员工是企业密不可分的一部分，在企业发展的同时，员工也应当得到成长。

传统管理者与教练型管理者最大的区别，在于是否承认高素质员工是企业的"核心要素"。传统企业中，资本起到了决定性作用。资本方可以购买到先进的设备，通过聘请高级经理人来保证生产过程的品质与效率，员工的可替代性比较大，很难成为管理者关注的中心。创新型企业需要持续不断地推出迭代创新产品，以满足客户日益变化的需求，这样的结果很难通过监管手段来实现，需要管理者通过激发员工的积极性与主动性来实现。这就决定了创新型企业需要把员工放在中心地位，关注员工、激发员工。

对员工的定位不同，使得传统管理者与教练型管理者在对待下属的时候，采用的工作方式与方法均不同。传统管理者比较喜欢采用直接的压力传导型管理方式，而教练型管理者则会费心费力研究下属的工作状态及其性格特征，以教练心态赋能下属，辅导其高效完成工作任务。

对于初步转型的教练型管理者而言，为下属赋能，首先意味着将自己的绝技与拿手好活毫无保留地传授给下属。这可以说是转型为教练型管理者最困难的部分，主要有两个方面的原因。第一个原因在于"不会教"。很多管理者是从一线业务骨干提拔上来的，动手能力很强，但把能力传授出来很困难，他们常常认为"没有特别的技巧，就是会做"。这是由于这些管理者没有接受过"知识萃取"训练，也没有总结过自己的能力与优点，所以只会做、不会说。第二个原因在于管理者或多或少"不愿教"。自己辛辛苦苦学到的知识，为什么要毫无保留地教给下属呢？如果把别人都教会了，那自己岂不是没有价值了吗？很多管理者心中都有这样的疑惑，所以并不愿意扮演教练型管理者角色。

要成为教练型管理者，第一关是"思想关"，即能否深刻意识到教练式管理是更有效的方法。第二关是"心态关"，即把自己的心态调整过来，成为服务下属的管理者，做一个仆人式领导，让员工走在台前，让员工享受成功时的那份成就感，让员工持续得到进步。心态的背后，是格局与视野。当管理者具有更大的格局与视野时，他会在组织中找到自己的未来与前进的方向，也会衷心地成为下属员工的仆人式领导。

传授经验

柔性人才的成长，仅靠学习知识体系是不够的，还需要获得实战经验。经验与知识不同，需要经历无数次试错，需要在某个领域积累足够多的案例。显然，组织并不需要每个成员都去重复试错，以提升做事能力。这就需要管理者把自己做事的经验总结出来，有效地传授给下属。

教练技巧中，"经验传授四步法"是一种简单易用的带教方法。把一项经验传授给他人，可以分四步走（见图9-1）。

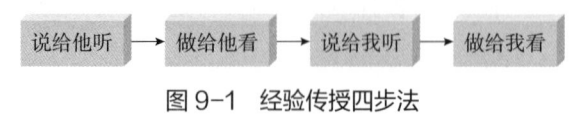

说给他听 → 做给他看 → 说给我听 → 做给我看

图9-1　经验传授四步法

资料来源：根据公开资料整理。

第一步：说给他听。这一步非常重要，是要让被辅导人员有完整画面，了解各种可能出现的场景，以及在各类场景下如何做出判断，并正确开展工作。对于教练而言，这是一个听起来简单，但实施起来颇具挑战的任务。很多人在做事情的时候，做就做了，错就错了，并没有记录过程，也没有仔细研究，做对时也不知道自己为什么做对了，只是下意识地感觉应当那样做，这样的经验就很难传授。要把经验转变为可传授的知识，需要构建结构化思维，比如在什么条件下，我们可能遇到哪些情况；针对这些特定情况，可以采取哪些措施；每个可选措施有什么优点与缺点；实践证明，通常哪种措施最合适。经验传授需要与实战场景结合，具有高度实操性。

第二步：做给他看。让被辅导人员仔细观察，工作是如何一步一步展开的，具体细节如何处理，有哪些注意事项。这一步，是确保在具体动作上不走形。教练在这个步骤要做好动作分解，分解得越细致，越有利于学员学习。

第三步：说给我听。提出任务后，让被辅导人员讲述打算如何完成这个任务，采取哪些步骤，细节如何把控，确保其理解并记忆了正确的工作步骤。在本步骤中，需要教练具备十足的耐心。因为被辅导人员不像我们一样熟悉操作，所以我们得到的很可能不是理想答案，要避免对其打压与批评，防止被辅导人员失去自信。

第四步：做给我看。让被辅导人员实际操练，正确掌握尺度与分寸，使其能够在细节上动作到位，独立、完整地完成一项任务。

传授经验的目的是防止被辅导人员在独立工作时犯错误，但实际上，成长过程中绝对不犯错误是不可能的，关键在于我们如何对待学员犯错。作为教练型管理者，我们可以密切地关注员工学习成长的过程，如果发现其存在可能犯错的迹象，就及时提醒；如果错误已经发生，则可以与被辅导人员一起分析原因，杜绝再犯；对于可能给公司带来重大损失的错误，则务必保证不再发生。

激发斗志

1983年，乔布斯为蒸蒸日上的苹果公司物色CEO，想让当时的百事可乐总裁约翰·斯卡利加入苹果。此时的斯卡利早已功成名就，不愿意为了一个前途未卜的新兴公司冒职业风险，乔布斯说出了那段著名的话——"你是想卖一辈子糖水，还是跟着我们改变世界？"这句极具煽动性的话语至今仍被人津津乐道。这句话点燃了约翰·斯卡利对人生意义的思考，令他无法说不。他随后加入苹果公司，并在随后10年任职内，帮助苹果实现了业绩近10倍增长。[1]

一个好的领导者，善于激发员工的斗志。斗志是高效行动的基础，如果执行者对于结果没有渴望，对于做成与做不成都无所谓，那么结果肯定好不到哪里去。对于员工而言，在A

---

[1] 参考《史蒂夫·乔布斯传》，沃尔特·艾萨克森，中信出版社。

公司工作，或者在 B 公司工作，可以挑选的选项很多，那么他为什么要在你这家公司工作？作为管理者，如果我们不能清晰地回答这个问题，员工就会把公司当成临时过渡的地方，即所谓"骑驴找马"，如果员工找到更好的机会，就会带着经验、带着客户资源，毫不犹豫地离开。

赋予员工"工作价值感"，就是让其感受到企业对于客户的价值、对于社会的价值。我们需要在员工承担岗位职责的第一天，就告知他，这个岗位的工作是如何通过价值链为客户创造价值、为社会创造价值的。当我们赋予工作任务以价值与意义，并且让员工明白"这件事是很重要的""你是很重要的""我对你很期待"，员工就会对工作结果产生责任感。

彼得·德鲁克在其《管理的实践》一书中，谈到了在企业管理会议上，大家很喜欢谈的一个故事是："有人问三个石匠他们在做什么。第一个石匠回答'我在养家糊口'。第二个石匠边敲边回答'我在做全国最好的石匠活'。第三个石匠仰望天空，目光炯炯有神，说道'我在建造一座大教堂'。"很明显，第三个石匠是管理者思维，他眼中不仅看到了手中具体的工作，更看到了自己的工作给社会提供的价值与革新。

管理者要把工作的价值与意义讲给员工，讲一遍不行，要反复讲，不仅要讲给新员工，也要讲给老员工。不管是公司的哪个岗位，都需要紧密围绕客户价值、社会价值。价值就是企业的灵魂，是凝聚整个公司、整个团队的信念。企业必须要有灵魂，一个只有躯壳、没有灵魂的肉体是走不远的。要做到"基业长青"，就必须赋予企业灵魂。我们不仅口头上讲，内心也要相信，如果我们自己都不相信，那么所谓"激发斗志"就会变成员工眼中的"忽悠"。

有人怀疑：我们公司构建了富有吸引力的薪酬系统、完备的绩效评估体系，这些实实在在的收入足以驱动员工努力拼搏，那么是否还需要管理者做"点燃激情"之类的事情？答案是：需要。通过美国心理学家赫茨伯格1959年提出的"双因素理论"，可以很好地理解内在原因。赫茨伯格把企业中的有关因素分为两种：满意因素和不满意因素。满意因素是指可以使人得到满足和激励的因素，即激励因素；不满意因素是指容易使人产生意见和消极行为的因素，即保健因素。他认为这两种因素是影响员工绩效的主要因素。保健因素的内容包括公司的政策与管理、监督、工资、同事关系和工作条件等，这些因素都是工作以外的，满足这些因素能消除不满情绪，维持原有的工作效率，但不能激励人们做出更积极的行为。激励因素与工作本身或工作内容有关，包括成就、赞赏、工作本身的意义及挑战性、责任感、晋升、发展等。这些因素如果得到满足，就可以使人产生很大的激励；若得不到满足，也不会像保健因素那样使人产生不满情绪。

企业里人力资源部门制定的看似"完美"的薪酬体系与绩效考核体系，本质上解决的是保健因素，可以保证员工不会产生不满；但要让员工感到满意，为了追求满足感而激情四射、创意十足，则需要管理者去点燃他们。

做下属的倾听者

我在辅导企业家的过程中，发现经营绩效不好的企业都有一个特征：领导说话特别多。各种场合中，企业家在下属面前都喜欢滔滔不绝，不停地指出公司各类问题，说累了，就让各部门负责人汇报工作，在汇报过程中，又不时插话、批评，谈话的最后，往往是企业家再次严厉指出各个部门的问题，并期望大家尽快改正。这样的沟通氛围，使得每个人都希望领导尽快结束谈话，结束难熬的时光。

最高管理者的风格如此，导致上行下效，部门负责人回到本部门召集会议，再把同样的套路在部门层级上演一遍。基层的员工很可怜，他们无处发泄，没有人花时间倾听他们的想法、他们的观察、他们的建议，他们只能承担所有过错（管理者往往并不认为这有什么不对，因为工作就是这些基层员工做的，但他们没做好），然后按照上级的指令去改正。

这样的沟通风格决定了公司的问题积累得越来越多：管理者不愿意倾听大家的真实想法，不鼓励大家把知道的信息都分享出来；同事之间都尽量把自己的问题捂着藏着，把可以归因于别人的问题赶紧推出去；这样就导致了一个又一个信息孤岛的出现，工作差错也不断出现；发展到最后，工作中会产生大量错误，但每一个人都精心地把自己的责任排除在外，根本找不到责任人。团队到了这一步，就不可避免地走上恶性循环。

如果管理者真的想解决问题，就应该学会倾听，让下属员工敢于陈述自己知道的所有信息。当所有信息都摆在面前时，管理者才能够完整地看到事情的全貌，并做出正确决策。

倾听是一种态度，不是坐在那儿漫不经心地听着下属员工说话，心里早就打定了主意，只等对方一说完，就一股脑儿地向对方倾泻自己的想法。管理者需要认识到，工作是一线员工做出来的，他们把握着工作质量，了解组织中真实的细节，只有把下属员工放在平等的位置上，耐心听取他们反馈的信息，与员工一起探讨解决方案，才有利于真正解决问题。

倾听是建立信任的最好方法：当员工的想法得到完整表达

时，他也会反过来认真倾听上级的意见，双方进行交互，最终下级完整地理解上级意图，并认真去执行。事实上，很多时候下属员工内心的想法只要得到了倾诉，确保上级管理者听到了，他们就会很满足，并相信上级管理者会做出综合判断。有时候，令他们非常生气的是自己有好想法，或者掌握了一些基本事实，但上级管理者根本不听，做出来的决策是不符合现实的。所以当下属员工被安排工作任务时，就会产生抵触心理。

那么管理者应该如何做到有效倾听呢？可以遵循以下原则。

第一，鼓励对方多发言。谈论问题时，首先请对方发表观点，而不是自己抢着说。

第二，让对方感知你的真诚。对方说话时，与他保持目光交流，面部始终微笑，并不时给予回应。

第三，关注细节。在对方讲述时，可以进行进一步追问，比如：

» 是吗？我对这件事很感兴趣，你能否仔细讲讲你是怎么考虑的？
» 是否有具体的例子？

» 你具体采取了什么方法？
» 事情发展到这一步，经历了哪些关键节点？

上述提问，表明你在认真听，并且对对方讲述的内容感兴趣，这会让对方受到鼓舞，并觉得自己很重要。你是否对这些细节真的感兴趣并不重要，重要的是对方感觉你很重视他，并且很诚恳地听他分享，这有助于激发对方的谈话热情，进一步向你敞开心扉。事实上，很多管理者通过运用这个技巧增进了与下属的感情。

第四，积极回应。例如，适时说出："你的这个想法太棒了，我非常喜欢你的这个建议。"有些管理者觉得这样的回应过于奉承，这种顾虑大可不必有。我们要把积极回应作为一种管理技巧使用，常常让下属在交流中备受鼓舞。

第五，补充一些好想法，形成共建氛围。比如：

» 我非常同意你的想法。
» 这个问题我有类似的观点，我补充一下……
» 你的想法很棒，还有一种方法，也可以实现类似目标。

倾听并不代表你准备放弃自己的想法，实际上，倾听可以更好地帮助管理者将工作安排落地。因为倾听的过程是一个信息获取过程，可以了解下属员工掌握了哪些事实，对某件事的看法、做事的方法，以及开展工作的动机，等等。

倾听的过程可以让下属员工真正感受到：工作的过程是与上级领导"共事"的过程，包括双方之间的信息交换，达成共识，而不是一方对另一方的服从。当下属员工充分感受到了被尊重时，作为一种对等反馈，他会更加认真仔细地执行任务。

引导下属走向优秀

管理者常常苦恼于下属员工做事情呆板、不用心，做出来的事情完全不对路。为什么下属员工做事情完全不用心？其实，反过来看，在成长过程中，我们好像日渐失去一种重要的能力：提问。

提问是为了更好地思考，了解事情的来龙去脉是我们成长的重要方法。可是在成长过程中，我们是如何逐渐失去了提问能力的？

"哪来的那么多问题啊！别胡思乱想！"父母说。

"把我说的标准答案记下来！"老师说。

"你是在挑战我的权威吗?"上司说。

"问这个有什么用?会改变什么吗?反正不会让你多挣钱。"朋友说。

当一个个提问被制止、扼杀、贬低,久而久之,人们懒得去问,甚至懒得去想了,好奇心被压制,独立思考和批评性思维的能力也进入休眠。[①]

教练型管理者的任务,是重新激发下属员工的思考能力,提问是一种很好的管理方法。通过提问,让员工的思维逐渐活跃起来。在问与答的互动过程中,管理者需要不断鼓励员工,让员工感觉到答错没关系,是正常的,不是一件羞愧的事情,只有这样,员工才会敢于思考、乐于思考。当员工答对时,管理者要及时鼓励,这样员工就会越来越有思考的兴趣。

以下几个问题是教练型管理者经常提出的。

问题1:这个任务交给你,有信心完成吗?

这个问题的意义在于:确认对方愿意接受任务。当上级把任务下发给员工时,不能简单地认为用命令的语气就能把任务

---

① 参考《提问》,杨澜,浙江文艺出版社。

交出去。上级与下级之间的任务传递，不是简单的指令传递，而是要确保对方愿意接受任务；有了意愿，才会有承诺，任务的完成才具有基本保障。

问题2：面对这项任务，你打算怎么做？

这个问题的意义在于：促进对方在行动前思考。工作过程中难免遇到各种各样的挑战与问题，如果缺乏准备，走一步看一步，很容易在遇到问题时惊慌失措。好的管理者，会引导员工提前思考，例如，执行任务过程中可能遇到哪些问题，应当提前做好何种预案，培养员工"先思后行"的习惯。

问题3：除了这种方法，还有别的方法吗？

这个问题的意义在于：培养开放性思维。完成任务的方法通常不止一种，每种方法都会有优缺点。如果员工想到的工作方法不是最佳的，上级不要直接否定，更不要直接给出一个方案让员工去执行，而是要引导员工多思考、多探索。刚开始的时候，可能会得到员工这样的回答："我想不到别的办法了，就只能这样了。"一方面，这是员工内心抵触的表现，觉得上级多事，故意找麻烦；另一方面，这是员工长期思维懈怠的结果，思维已经僵化了，的确想不出更多的办法。

上级和员工可以一起讨论多种工作方法的可能性，并帮助员工分析不同工作方法有什么差别，优点与缺点各是什么，但是必须将最终采用哪种方法的决策权交给员工，这样做的好处是可以压实责任，无论结果如何，都能够引发员工深度思考与总结，促进员工进步。

问题4：你需要什么支持吗？需要别的部门、别的岗位怎么配合你？

这个问题的意义在于：体现上级关怀与支持，推动员工达成结果。如果上级不主动提出对下级的支持，甚至逃避、刻意忽视，员工就很容易以资源不足、跨岗位协调困难为由，放弃达成结果。当上级习惯于对员工提供支持时，不仅可以给予员工精神上的鼓励，还可以促进员工聚焦结果，不拘泥于自己的职权范围与资源，而是从整体角度思考如何达成任务。

问题5：如果下次再有类似任务，你会怎么做？

这个问题的意义在于：复盘思维。每件事做完后，应引导下属员工进行复盘，总结做得好的地方，以及考虑不周到的地方。做事的过程也是学习过程和精进过程。

积极反馈

对于下属员工的工作表现,管理者应当及时给予反馈,以保证团队始终在正确轨道上运作。员工希望得到上级管理者的反馈,未必是因为渴望得到表扬,而是因为他们想知道如何做才是符合上级期待的。好比出门前我们都会照照镜子,通过镜子我们能够看到自己的不足,并加以改进。来自上级的反馈好比一面镜子,可以让员工知晓自己的行为在上级眼中、同事心目中是怎样的,有利于员工进行自我修正。以韦尔奇在书中的一段话为例。

我(杰克·韦尔奇)在演讲时,多次对听众们做现场调查:"在过去一年里,有多少人接受过面对面的、坦诚的业绩反馈谈话?这些谈话的目的是让你弄清楚,自己还需要做哪些改进,自己处在公司的什么位置上。接受过的人请举手。"运气好的时候有20%的人举手,而绝大多数时候,这个比例只接近10%。有趣的是,当我再次反问听众,他们是否经常与自己的手下进行这种开诚布公的业绩讨论时,举手的人并没有增加多少。[1]

很多管理者由于工作繁忙，疏于向员工反馈对他们表现的看法。积极主动的员工，付出了比其他同事更多的努力，如果没有得到正向反馈，就会怀疑自己这样做是否值得。做错事的员工，虽然开始时心里会有忐忑不安的感觉，但如果没有收到负向反馈，他就会认为，这样的小错误是正常的，没什么了不起，下次还会继续犯错。更糟糕的是，其他的同事会看在眼里，跟着犯类似错误。

对于下属的工作，一定要及时给予反馈。对于一些员工在工作中出现的小错误，如果管理者没能在第一时间反馈，等有时间想认真谈一谈的时候，事情已经过去一两个星期了，如果这时候再去谈，就会被下属认为是小心眼，于是事情往往不了了之。很多不良习气就是在这种背景下养成的。

我们常常看到上级这样对下级说话：

» 你怎么把事情做成了这样？
» 工作进度一拖再拖，你的工作能力很有问题！

---

[1] 参考《赢》，杰克·韦尔奇、苏茜·韦尔奇，中信出版社。

》你看你做的工作，同样的岗位，小张就比你强得多！

反馈并非简单评价。这样的评价一开始就将上级与下级放在对立的位置上，要想真正在内心达成共识，就变得很困难。反馈的目的，是使双方处于同一个频道，在面对某一项具体工作时，采取最佳行动，同时，使下属员工学会处理特定事情的正确方式，而并非为了给某个人贴上标签。当员工内心不服的时候，他会刻意证明上级的意见是错误的，把事情变得更为复杂。

如图 9-2 所示，管理反馈有四种模式。

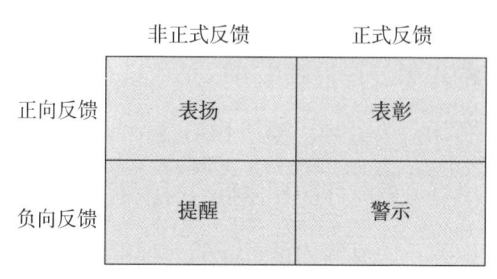

	非正式反馈	正式反馈
正向反馈	表扬	表彰
负向反馈	提醒	警示

图 9-2　管理反馈的四种模式

资料来源：根据公开资料整理。

反馈模式一：表扬

团队中常常会涌现值得点赞的行为，管理者千万不要吝惜自己的赞美；即使感觉不是什么大事，处于可以表扬和可以不表扬的临界点，那么就应该提出表扬；表扬是一件多多益善的事情。如果事情不大，表扬可以不用很正式，比如，开部门工作会议时，会议还没有正式开始，人员已经差不多到场了，这就是一个提出非正式表扬的好时机，可以点名表扬："××最近干得不错！"这种表扬会让员工很有面子，备受鼓舞。表扬也可以是在私下场合，比如午餐时间，找个机会约特定员工一起吃工作餐，边吃边聊，可以谈谈家常，也可以谈谈工作，在聊天中找准时机对其提出表扬。

反馈模式二：表彰

当员工为团队做出较为突出的贡献时，就需要对这种行为进行正式的表彰。这种表彰可以是"正式谈话＋公开表彰"，从对方的具体行为开始，给予积极反馈，指出具体好在哪里。当能够指出对方做得好的具体行为时，就说明你真的关注了对方，这样你的正向反馈才是真诚的，你的夸奖才会有效。说完行为后，要强调对方的行为对他人或团队产生了怎样的积极影响，让他知道他的行为所产生的意义和价值，提高他对做这件事的意愿度和成就感。公开表彰可以在全体会议时进行，也可以采用通报表扬、新闻稿的形式来实现。

反馈模式三：提醒

工作中有很多小错，如果不纠正，就会把风气带偏，如果正式纠正，又容易让人感觉小题大做。比较好的方法，是用非正式方式进行提醒。比如，偶然路过其工位，随口聊两句，顺便提点一下，有哪项行为与公司期待不符，下次注意改正。为避免员工产生对立情绪，在提醒对方之前，可以先表扬一下他做得好的地方，然后再进行提醒，并给出改进建议。这种"先表扬再善意批评"的模式，效果远远好于直接批评。

反馈模式四：警示

对于多次提醒后，员工依然没有改正的情况，就需要以正式形式进行反馈。可以约见员工进行正式谈话，首先摆出事实，然后分析这些行为带来的后果，产生了怎样的不良影响，希望引起对方重视。更严厉的警示方式还包括书面警示函、通报批评等。警示不仅能够对涉事员工产生作用，而且对整个团队有教育效果，可以提醒其他员工引以为戒。

以上是教练型管理者在领导团队时会采取的一些管理技巧。

相较于传统管理者，教练型管理者带领的团队往往更加高效，原因在于以下几点。一是能够构建融洽温暖的团队氛围。

教练型管理者对于员工充满善意，尽量避免直接批评、负面评价的方法，关注员工个体优点，善于引导其发挥长处、补齐短板。受领导的影响，整个团队氛围都比较和谐，同事之间相互促进、相互成就。二是能够让下属快速成长。教练型管理者不仅关注任务的完成，更把完成任务与员工能力成长有机结合起来，员工完成任务的过程，也是挑战自我、能力成长的过程，员工能够始终保持良好的工作积极性，主动创新解决问题，而这一点对于柔性组织而言至关重要。三是团队纪律性好。教练型管理者是"一手拿佛珠、一手拿宝剑"，刚柔并济，面对先进员工充满善意与关怀，面对落后员工也能有强硬手段。整个团队对于团队纪律有敬畏感，能够保持良好的行为规范。

柔性组织需要职能部门负责人转变为教练型管理者，将人才培养作为自身重要的三大任务之一，狠抓部门内部人员的能力成长，进而源源不断地为柔性小组培养人才。

第十章
柔性组织的现实实践

柔性组织是 VUCA 时代的一种全新组织理论,在落地实践过程中,一些企业做出了有价值的探索:纽盾科技用流水线方式培养销售人才,隆链智能打造具有全局思维的团队,梦之路数字科技建立强有力的研发中台,它们的实践活动证实了柔性组织的有效性,并且丰富了落地方法。

纽盾科技：用流水线方式培养销售人才

2020年，纽盾科技①的董事长杨腾霄找到我，希望我能够帮助他训练出一支快速出业绩的销售队伍。他是我在"上海市青年创业英才选拔培训班"授课时的学员，这个项目汇集了上海各区最优秀的青年企业家，学员群体非常活跃。纽盾科技专注于网络安全业务，拥有自主产权的威胁监测平台、数据资产测绘与安全管控平台、安全智能工具等，经常参加国内重点机构的护网行动，技术水平非常高。近年来，随着物联网、大数据、人工智能等产业兴起，社会对网络安全的需求快速增加，

---

① 公司全称为上海纽盾科技股份有限公司，是一家富有特色的网络安全整体解决方案提供商。

因此，如何将公司核心能力有效转化成市场收入，是亟待解决的新问题。

杨腾霄告诉我，他曾经花费重金聘请了一位销售负责人，组建了将近百人的销售队伍，销售人员都是市场上拥有多年销售经验的老手，对此他寄予厚望。但事实是，在耗费2 000多万元市场投入之后，销售业绩依然非常差，于是公司就解散了销售队伍，改为招聘从高校毕业不久的职场小白。新组建的销售团队大约40人。我问："现在的销售团队业绩如何？"杨腾霄回答："成长非常慢，大约需要6个月才能开始跑客户，而且在销售人员跑客户过程中，公司即使发现销售人员有这样或那样的问题，也不敢淘汰，因为培养一个销售人员实在太耗费精力了。"于是我们约定，帮助纽盾科技建立一套培养体系，快速培养能出业绩的销售人才。

行动的第一步是确立合格销售人员的能力模型。我在纽盾科技组织了合伙人级别的研讨会（他们是公司当前80%业绩的贡献者），了解合伙人心目中理想销售人员的能力模型。通过各位合伙人的描述，我们了解到，网络安全产品的销售人员需要拥有丰富的经验，不仅要有计算机知识，还要具备与信息中心主任、公司决策人对话的能力，对社会阅历、察言观色能力要求很高。我进一步问道："这样的人容易招聘到吗？"得到的回答是:"偶尔可以招到,但需要支付很高的薪水,即使这样,招聘进来的人也未必能留下来。"

我用柔性组织思维引导合伙人讨论:如果采用中台模式,快速培养出一大批能力 70 分的销售人员,待业务推进到一定深度时,由中台能力 100 分的销售高手指导并协助其完成 70~100 分的销售工作,这种模式可行吗?经过一番讨论,大家认为这种模式很好。首先,把职场小白培养至 70 分的能力状态,培养难度大大降低;其次,销售的业务发展通常呈漏斗状,并非全部能转化为订单,销售初期主要是了解客户需求,并让客户了解我方产品与解决方案,这些工作能力达到 70 分的销售人员就可以完成;最后,如果业务需要深度进展,在技术部门与销售中台的支持下,拿下客户应该是不成问题的。

行动第二步是整理销售场景,我们需要让受训人员在真正上"战场"前,就熟悉"战场"环境。这个工作比较麻烦,销售场景散乱地出现在各种场合,每位销售人员遇到的情况都不一样。我们逐一访谈了公司全部合伙人及销售人员,请他们回忆自己成功的销售过程、失败的销售过程,以及销售推进过程中遇到的问题,把各类场景进行汇总分类,最终一共整理出 35 个场景。

第三步,为各类场景提供标准答案。战场上,前线士兵遇到了装甲车辆就用反坦克导弹将其击毁，遇到武装直升机就用地空导弹将其击落，遇到散兵就用轻武器将其消灭，每一种作战场景都有特定解决方案予以解决。销售工作也是同样的道理，让一线销售人员随意发挥必定导致低效，基于场景的标准答案可以保证整体销售成效。对于调研出来的35个场景，我们收集了各个销售人员的回答，然后组织合伙人研讨，确定最佳答案，予以标准化。

第四步，将销售的原理性知识分配到各销售场景。销售工作不仅是一门艺术，也是一门科学，背后蕴含着丰富的原理与技巧。销售原理如果脱离具体场景，就犹如空中楼阁，看起来很美，但很难落地。因此，我们针对特定场景，配置与之关联的销售原理，将理论与实践结合起来，让学员在学习时，不仅知其然，也知其所以然，实战的时候就能够灵活应用。

第五步，制作课件与教学视频，通过建立数字化平台，将所有的教学内容进行电子化并迁移至平台上。这样做的好处是大大减轻了教学人员负担，一次录制可无限使用，哪怕只有一名学员，也可以启动教学工作，并且能够用大数据呈现学习效果，便于管理。但是，制作课件与教学视频的过程相当耗费时间，因此，纽盾科技总经理严涛亲自挂帅，率先做出榜样。严总将自己总结而成的经验文档分门别类，分为多个专题，以图文并茂的形式做成 PPT 文件，并录制成教学视频。在严涛的示范下，销售总监、业务骨干纷纷参与，贡献了大量教学级别的销售素材。

第六步，用流水线方式培养销售人才。整个销售人员的培训周期设定为四周，每周设定一次节点验收，由销售总监、人力资源部门经理、带教师父（资深业务骨干）联合验收。验收的初期以问答形式为主，到后期逐步偏向实战模拟。由考核官扮演客户，看销售人员的反应是否正确。

销售流水线建成后，试运行了 6 个月，反馈下来，效果非常明显。

首先，销售人员的留用率提升。原来面试考核项比较多，看起来科学，实际上难以面面俱到。新的考核项聚焦在三个方面：学习力、自驱力与商业意识。由于考核项减少了，反而能够获得在公司关注的这三个方面表现得都非常优秀的高潜力人员。在培训过程中，高潜力人员就表现出进步很快、知识掌握得比较到位、实际应用灵活自如的特点。新入职的销售人员留用率由 50% 上升到 80%。

其次，独立上岗的训练周期缩短。原来一名销售人员从新入职到独立跑单，主要通过师父带教，需要 6 个月时间，现在 1 个月就可以完成岗前培训。

最后，团队氛围发生变化。原来销售团队的工作作风有些拖沓，很难改变。现在随着新鲜血液不断注入，新员工带着激情积极创新，原有团队中表现不佳的员工被辞退了，老员工也充满活力，整个团队充满生机。

通过用流水线方式培养销售人才，纽盾科技的销售团队发生了质的变化。2022年上半年，上海市因疫情防控，大部分企业业务处于停滞状态，在这样的情况下，纽盾科技的销售额不仅没有下降，反而同比上升了15%，销售人员的人均单产上升40%。

隆链智能：打造具有全局思维的团队

我们在类似山姆、宜家这样的仓储式卖场，经常可以看到售货员开着升降车将货物存上取下的场景。对于大型生产型企业而言，这样的仓储形式效率太低：货架堆码层数太少，浪费空间；人工操作容易出错。隆链智能[①]是一家专注于自动化仓库的高科技企业，核心业务是帮助客户将仓库立体化、智能化，其拥有自主知识产权的核心设备"四向托盘机器人"，应

---

① 公司全称为隆链智能科技（上海）有限公司，是一家拥有自主核心设备和软件系统的智能工厂整体解决方案提供商。

用纯机械顶升结构能够在高达数十层的立体仓库里前后、左右、上下运行，把仓储货物运进搬出。这种机器人装有全向激光感应系统，能在自主运行中敏捷避障，快捷完成货物的自动存取。对于客户而言，各种复杂的仓储情况，都可以通过隆链智能自主研发的"自动化物流立体仓储仓库系统"进行可视化管理，高效便捷。

构建一套自动化立体仓库系统，需要机械设计、电气控制、软件系统三大领域的跨领域技术融合，对于企业而言，意味着需要三个技术跨度非常大的团队通力合作。这恰恰是让隆链智能总经理马云龙感到头疼的地方。公司的业务骨干都来自高通、贝尔这样的知名企业，素质非常高，但即便这样，团队之间的协同也常常出问题。

2022年，马云龙和管理团队在华创"团队赋能高级管理课程"中第一次听到"柔性组织"概念，整个团队都非常兴奋，因为这恰恰是公司需要的一套组织形式：打破部门墙，实现跨域协同，为每一个订单实现价值交付。课后，在总经理马云龙的带领下，公司开始打造具有全局思维的团队，目标是让所有参与订单交付的人员提高站位，站在价值链全局理解自己的工作，使得整个交付工作在协同与衔接时减少差错、提升效率。具体采取以下几个步骤。

第一步：清晰定义公司价值链。公司管理层以前是默认员工了解公司运行全貌的，毕竟员工整天在公司工作，耳濡目染之下也应该了解了。实际上并非如此，各个岗位的员工只掌握片段信息，对于其他部门、其他岗位的了解仅靠零散的观察，或者来自同事的口口相传，有时甚至会夹带个人情绪，造成误解，形成与其他部门的对立情绪。通过管理团队研讨，隆链智能清晰定义了公司的价值链，要求全体员工掌握公司价值链全貌（见图10-1）。

» 销售岗位获得订单，为公司提供创造价值的机会和基础；
» 规划岗位根据订单需求输出设计方案；
» 研发岗位根据设计方案输出详细的设计资料（图纸与程序）和物料清单；
» 采购岗位根据物料请购单进行采购和发包；
» 生产岗位收到零件安排设备组装和测试；
» 现场管理人员收到设备组织客户现场安装工作；
» 现场工程师根据详细设计资料进行设备调试；
» 现场工作小组交付系统给客户；
» 客户验收后，公司收回项目余款，整个价值交换过程完成。

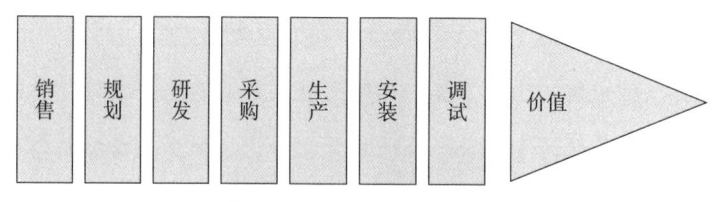

图10-1 隆链智能价值链

资料来源：隆链智能的课堂练习。

第二步：各部门自查存在的非全局思维行为。公司全体员工集体学习全局思维课程，理解创造价值的过程，以及部门之间高效协同的实际意义。结课之后，各部门员工回到岗位，举行部门级别的全局思维共创会，自查本部门存在哪些非全局思维行为。当干部与员工的视野被打开，不再局限于岗位思维，而是从整个价值链角度反观岗位行为时，就会产生不一样的思考与结果。

» 销售部。销售部的订单会直接影响研发体系的工作量与开发难度及生产部的装配难易度。销售部存在的非全局思维行为，包括不从整体考虑订单的可交付性，为了获取订单，随意承诺；不考虑技术能力的可行性、实施的难度，给后续的交付工作带来潜在风险。
» 规划部。规划部的工作基于公司交付能力，为客户提供个性化解决方案，其工作既关联客户及销售部门，又关联研发、供应链、生产等各个环节。规划部的非全局思维行为包括安排工作时未考虑项目的紧急程度，仅按先来后到的顺序处理，导致重要项目被延误，影响重要客户的满意度；制定方案细节时，不能将用户的需求明确转换为可落地实施的方案，导致采购工作的时间紧张，主要物料供应不及时。

» 研发部。研发部是最主要的方案落地部门，技术领域横跨机械、电控、软件等多个种类，研发部的非全局思维行为表现包括机械小组设计有变更，未通知电气控制和软件小组，导致电气和软件没有做相应变更，以至于设备到现场后无法实现设计的功能；规划工作安排时未考虑各个项目的紧急程度，仅按先来后到的顺序处理，影响重要项目的时间进程。

» 采购部。在采购工作中，采购部面对成本、交期、质量三要素，常常偏重成本因素，缺乏项目全生命周期交付考虑，对于项目交付、客户满意度有潜在影响。在物料采购过程中，如发生质量问题，只是简单地进行更换处理，缺乏系统性改善措施，使得生产成本居高不下。

第三步：建立全局思维行为列表。对于如何能够更好地助力上下游部门开展工作，如何从整体上更有效地创造价值、减少浪费，各部门也展开了有价值的探讨，并列出了值得鼓励的全局思维行为表现。

» 销售部。签单时从项目技术难度、交期、实施等多角度考虑，签订有利于项目最终交付的合同。
» 规划部。在做项目安排时，与各销售充分沟通，全盘考虑，列出需求时间及人员工作安排表，从项目紧急程度及重要性出发，统筹安排；将需求细化为可以实施的采购方案，并且保证完整性，机械、电气和软件等各方面均考虑周全。
» 研发部。在一个系统里，机械、电气和软件互相关联，某一个地方如有变更要及时通知相关人员，做全盘考虑。设计时要考虑安装和维护的便利性，同时兼顾成本和质量。
» 采购部。在部门之间建立交接流程，通过组织统一流程制度，综合考虑，避免疏漏，制定不良品质量处理流程，加强不良品供方管理与评价。

第四步：形成持续的落地机制。如果"全局思维"只是一场运动，那么经过一段时间之后，部门之间的协同一定会回归原状。公司需要建立一套机制，确保全局思维的落地不受员工流动影响，隆链智能制作了全局思维电子课程，并将其列为新员工入职必须学习的内容。此外，各部门定期回顾、自查自纠本部门非全局思维行为，对于其他部门的非全局思维行为，可以上报给公司人力资源部门，从公司层面进行督察。不仅如此，隆链智能还以绩效牵引的方式引导员工从全局思考，有利于全局思维的行为在公司持续落地，通过建立《部门间配合奖励制度》，加入全局思维认可奖，对员工使用全局思维的行为以及为公司创造价值、利润的情况，予以一定物质奖励，并宣导。

经过一系列的宣贯、研讨、落地的行动措施，公司整个团队氛围为之一变，部门之间开会时，火药味十足的情绪对抗大大减少；上下游环节发生观点与意见不一致时，大家都能迅速从最终价值实现角度反过来思考，而不是强调自己多么正确，双方更容易找到共同认可的方法，达到行动一致。

全局思维几乎改变了每一位员工的思想，也改变了他们的工作状态。总经理马云龙举出一个基层员工的例子，这位同事的岗位在生产部门，他日复一日地根据前端部门指令开展工作，并不了解每个订单中的加工指标、结构为什么发生变化，也难以理解为什么加工精度要求这么苛刻，总感觉前端部门同事给生产部门增加了很多额外工作量。通过全局思维学习，他第一次有机会亲眼看到公司为客户打造的智能立体仓库，在看到自己加工出来的部件经过组合之后，是如何为客户创造价值的，他内心的价值感及自豪感油然而生，工作积极性大大提升，精神面貌也焕然一新。通过打造具有全局思维的队伍，隆链智能实现了组织柔性，协同效率大大提升。

梦之路数字科技：建立强有力的研发中台

"现在患者红细胞比积是21%，你会选择输血吗？"

"不会。"

"18%。"

"患者严重贫血，我会输血。"

"你的意思是红细胞比积18%就该输血，21%就不需要输血吗？"

这段对话来自《我在美国当医生》一书，描述的是美国一家医院里考生参加住院医师培训模拟考试时的场景。一方面，医生是一个高度实践性的职业，面对的场景非常多样化，医生要具备面对复杂场景进行决策并实施医疗手段的能力，这种能力必须建立在大量实践经验基础之上。另一方面，基于医学伦理，不允许医学院学生在患者身上进行有创伤性的操作练习，那么，如何高效地培养具有实践能力的医学生呢？医学仿真教学技术应运而生。坐落在"中国硅谷"张江高科技园区的梦之路数字科技[①]通过利用元宇宙技术，结合公司自主开发的生命信号采集产品、功能数字人产品、临床护理模拟训练设备，为医学院提供虚拟仿真教学产品。

基于应用场景的多样性与差异性，每一个医学院，甚至每一个教学组，对于教学仿真都有个性化要求，因此梦之路数字科技面临着复杂的订单需求，这导致公司交付团队日益臃肿、低效。公司总经理高俊辉在参加2021年上海科技小巨人企业总裁班时，聆听了"柔性组织"课程，大受启发，立刻带领团队进行了深入探讨与学习，并用一年时间将这套企业管理方法全面落地。具体工作的展开分为以下三个步骤。

第一步：构建企业研发岗位能力图谱，快速培养"一专多能"复合型人才。将元宇宙技术应用于医学教学，需要横跨多个领域，包括医学、软件开发、算法、仿真、机械、电控、信号传输等，协同关系非常复杂。一名工程师从入职到能够独立开展工作，实现与其他工种协同，完成订单交付，这个过程相当漫长。

[①] 公司全称为上海梦之路数字科技有限公司，是一家从事医学虚拟仿真教学软件研发和医学大数据挖掘软件研发的企业。

梦之路数字科技梳理出公司技术清单，将员工分为两大技术集群，一个集群侧重教学仿真内容，另一个集群侧重教学仿真装备，并基于技术集群建立研发岗位能力图谱。两大集群内的员工，需要秉承"一专多能"原则，构建柔性技术能力，即每位工程师不仅在本专业方向上应具备优秀工作能力，同时要学习与了解关联技术。比如，医学岗位技术人员不仅要熟悉医学，理解客户教学需求，而且要懂仿真工作流程、仿真软件、仿真制作过程。工程师每年能否晋级与其技术能力高低相关，以确保工程师具有学习动力与积极性。

第二步：集中优势技术力量组建研发中台团队。以研发中台为引擎，带动团队整体技术水平快速提升；以研发中台为指挥中心，调度各方资源。具体措施包括以下几个方面。

» 抽调项目、程序、管理等部门的核心人员组成中台部门，这些员工的项目经验丰富，对于公司全貌及客户需求情况都比较了解，跨界技术能力强。

» 中台部门成立后，开始基于整个价值链建立标准化工作流程，如公司项目开发流程说明、情境化工作应对方案等。公司过去也有很多工作流程，但都是部门级流程，缺乏一通到底的流程。中台部门有视野、有能力、有授权，可以打通整个价值链中的堵点。工作流程建立好之后，同期建立一套标准化培训教程，确保价值链流程上的每个员工都具有同一套工作语言。

» 以研发中台为指挥中心，统一协调信息与资源，工作内容包括：控制交付小组的工作流量，根据轻重缓急安排好项目的先后顺序；牵头打破部门壁垒，按项目需求优化交付资源；出面协调市场销售部门与技术交付部门，优化销售与交付的配合；研究分析最新技术趋势和竞争对手技术信息，并及时总结反馈给技术交付部门。

第三步：建立灵活的柔性项目小组，由中台为其提供核心技术支持。柔性小组更偏重客户个性化需求的设计与实现，快速完成客户项目，实现快速交付、验收、收款。

在打造柔性组织过程中，整个工程的"中心枢纽工作"就是建立研发中台。如果能够成功建立研发中台，则意味着核心业务骨干不再疲于应对订单交付这样的具体工作，而是可以抽出身来，负责整体调度与支持，这样就可以实现柔性组织目标。但构建研发中台面临的首要问题就是如何选人与分工。

梦之路数字科技公司首先确定了三名中台核心人员，他们都是经验丰富的课程制作经理，熟悉公司情况，非常了解如何满足客户需求。他们过去的主要任务是为每个订单编写课程脚本，类似电影摄制里面的编剧，现在这三个人的权力扩大，对公司全部订单负责。

以这三名人员为核心，成立"联合作战指挥中心"，即从市场部、产品设计部、课程制作部、3D制作部和售后服务部指定业务骨干，作为机动人员随时配合中台工作。

中台人员如何实现对公司整个交付力量的管控与调度呢？具体措施是把整个订单开发的流程进行梳理、细化，形成一套标准化流程。在制定流程过程中，遵循两个原则：一是细化，各种场景都预料到，规定详细动作；二是简化，过去各部门为了减轻本部门责任，增加了不必要的流程要求，现在从整个价值链角度进行简化，把能去掉的都去掉，提高交付效率。同时，对流程节点之间的工作步骤进行标准化，并用表单或IT系统固化下来。此外，将整个流程涉及的工作内容制作成内部培训课程，以达到快速培养人才的目的。

反馈协调机制也很重要，订单流程执行过程中发现的新问题，可以反馈到中台，由中台基于全局考虑，予以调整或增补新的规定。此外，参与课程制作的不同部门的资源需求、订单排序均由中台协调。

中台建成之后，下一步举措是组建柔性小组。梦之路数字科技公司选择了一批优秀技术人员担任柔性经理，他们经过中台的技术培训和流程运营培训，能力变得更强，责任变得更明确，职权变得更高。公司同步推行了一系列激励措施，将每个人的工作情况与订单绩效挂钩，优质交付结果可以拿到更高奖金，激发柔性小组成员的工作积极性，使员工的能动性大大增强，配合更为流畅。

柔性组织模式运行一段时间后，公司运营效率得到了明显提升。以某个项目组为例，在没有组建柔性小组之前，人员职责不明确，多是由各部门临时分配的人员组成；成员之间配合度较差，每个人只关注自己的一小部分任务，对整个订单任务并不关心，项目经理需要耗费大量时间被动协调程序、3D、设计等部门；各个项目组之间也缺乏配合，遇到较紧急的任务时，经常出现插队和被插队的情况，不断发生项目"抢行""加塞""堵车"问题，研发节奏反复被打断，导致开发进度滞后。

梦之路数字科技公司通过柔性组织建设，研发上实现模块化，组织上实现灵活化，人才培养上实现标准体系化，目前公司交付能力大幅提升，客户个性化需求得到很好的解决。同时，随着中台建设的推进，公司研发能力得到了进一步提升，在医学教育领域快速推出更加具有竞争力的产品。

结　语

实践表明，柔性组织建设是一项复杂的工程，涉及知识体系构建、员工思维转变以及团队文化重塑等多个方面。面对这项复杂工程，公司"一把手"需要亲自部署、亲自推动，如果仅靠把任务布置下去就等待获得结果，往往会遇到巨大的障碍。

柔性组织的建设可以采取循序渐进原则，先易后难，从最基础的层面开始建设，再逐步推进到更高难度的层面。在柔性组织建设的初期，企业需要找到一批富有激情的干部与员工，给他们赋能，使他们做出表率，在这样的基础上，逐步推进到更深层次的变革。当员工慢慢适应新的工作方式以后，将逐步培养出新的工作习惯和技能，进而逐步形成高效协作的企业文化，这是柔性组织建设的最终目标。

柔性组织理论并非解决企业所有困难的灵丹妙药，而是适用于解决特定场景下的特定问题。如果企业面临大量个性化订单，且技术创新需要跨界专业人员的精诚合作，则柔性组织是非常好的解决方案。如果企业的生产技术比较稳定，通过制度与流程已经能够保证大规模、高品质交付，则不用急于推广柔性组织理念，而是可以选择其中有价值的思想理念让现有团队协同更加高效，如全局思维、教练型管理者。企业应深刻理解柔性组织的内涵，在团队达成共识的基础上推动柔性组织落地。

本书进入收官阶段时，人工智能在现实应用中大爆发，ChatGPT在短短的一个月内用户过亿，人工智能助手不仅可以回答各类专业性问题，还能写作，甚至可以写诗、绘画，已经具备替代初级员工的能力。这不仅提升了人们的工作效率，也为企业节省了大量的人力资源成本。这种趋势预示着一个更加宏大的变革时代即将到来。科技与社会可能会以我们前所未见的速度快速发展，企业更加迫切地需要建立具有弹性与韧性的柔性组织。在这个时代，企业需要不断创新，调整组织结构，以应对技术变革对企业所产生的巨大冲击。企业的核心竞争力不再是生产的产品或提供的服务，而是拥有高效的组织架构和灵活的组织文化。这些因素将成为企业在市场竞争中取得成功的关键。只有建立起具有弹性与韧性的柔性组织，企业才能在快速变革的时代不断创新，实现快速成长。

致　谢

本书的编写，离不开过去七年我与科技企业之间的深度互动。在指导企业家解决经营中的困难与挑战的同时，我也深刻理解了科技企业面临的特定问题，并有机会与企业家一起探索有效的解决方法。这些经验奠定了本书重要的实践基础。在此，特别感谢邀请我参与科技创新教学工作的单位与机构。

科技部人才中心。为持续实施国家创新人才推进计划，促进科技人员向科技型企业家转型，科技部人才中心每年举办"科技创新 CEO 特训营"，吸引了大批科技领军人才参加。我应邀参与该训练营的营销课程教学工作，聆听企业家在开拓市场与建设销售团队过程中遇到的问题，并与他们进行持续的互动与研讨。

上海市科技创业中心。作为上海市科委直属机构，上海市科技创业中心承担上海市高新技术成果转化项目认定、促进高新技术成果转化和产业化的政策服务、高新技术企业认定、技术转移服务、科技金融服务、上海市中小企业技术创新资金项目、小巨人企业项目等有关科技产业化项目，是上海最重要的国家级高新技术创业服务中心。我应邀参与"上海市科技小巨人企业总裁班"的教学规划，广泛接触上海市科技小巨人企业家，调研他们的需求，理解他们的挑战，并在教学内容中提出相关解决方案。

"创在上海"国际创新创业大赛。每年 7 000~8 000 个创新项目报名参加上海市科委主办的"创在上海"国际创新创业大赛，其中最优秀的 80 名企业家将有机会参与"上海市未来之星创始人项目"。应大赛组委会邀请，我多年参与该项目的教学设计及相关教学工作，并与众多高潜力学员保持互动与交流。过去几年，部分企业获得了超速增长，这使我有机会见证优秀科技企业的成长过程，观察企业面临的挑战以及如何一步一步克服经营过程中的困难。

苏州工业园区上市苗圃学院。苏州工业园区是中国培育科技企业最卓有成效的产业园区之一，其上市苗圃工程，精心挑选出科技属性突出、发展势头强劲的企业，通过打造培训、政策、资本、产业、专业资源、传播六大赋能体系，帮助科技企业跑出上市"加速度"。这个项目由苏州工业园区金融发展和风险防范局指导、苏州工业园区企业发展服务中心主办，培养了数十家科技上市公司。从 2019 年开始，我将独具特色的团队赋能教学模式引入上市苗圃工程，举办团队训战项目，取得了很好的效果，并与企业 CEO 和关键业务领域负责人都建立了良好的沟通，这使我加强了对科技企业全方位的了解。

"创业江苏"科技创业大赛。"创业江苏"科技创业大赛由江苏省科技厅主办，江苏省高新技术创业服务中心承办。大赛通过整合创新创业要素，搭建为创新创业服务的公共平台，支持科技型中小企业创新发展，已成为江苏省内规模最大、层次最高、辐射最广的"双创"品牌赛事之一。我连续多年担任大赛特邀创业导师，分享创新企业发展模式，并与其中一些优秀 CEO 结下了深厚友谊。

我担任主要领导工作的华创教育研究院，每年举办"团队赋能高级管理课程"班，为科技企业管理团队进行团队赋能。对我而言，这是一块宝贵的科创研究基地。科技企业面临什么挑战，如何解决，解决方案中哪些措施是有效的、哪些需要改进？作为"团队赋能高级管理课程"的总设计师，我有机会对这些问题不断地尝试、改良、优化，直至探索出一套行之有效的方法体系，这是《柔性组织》一书中诸多实操方法的现实来源。我非常感谢和元生物（基因治疗）、同臣环保（污泥脱水设备）、烜翊科技（MBSE工业软件）、复志科技（3D打印科技）、鑫盛永磁（稀土永磁材料）、尚领医疗（心肺复苏设备）等团队，他们是各细分行业的佼佼者，我与学员企业CEO及管理团队保持着频繁交流，并密切关注着教学内容的现实落地情况，不断探索新的教学手段，以更好地帮助科技企业成长。我也非常感谢华创教育研究院教务部门的同事：王晶晶、赵迎、王宁、陆浩、李莹，他们经常和我一起交流教学管理心得，探索新的教学方法。

最后，也是最重要的，我要感谢我的家人。在《柔性组织》三年写作过程中，我得到了家人的大力支持，我的父母、爱人和孩子，他们给了我无微不至的爱，让我得以全身心地投入《柔性组织》的写作。对此我心存感激，谨以此书献给他们。